A Revolução Nicaraguense

FUNDAÇÃO EDITORA DA UNESP

Presidente do Conselho Curador
Mário Sérgio Vasconcelos

Diretor-Presidente
Jézio Hernani Bomfim Gutierre

Superintendente Administrativo e Financeiro
William de Souza Agostinho

Conselho Editorial Acadêmico
Danilo Rothberg
Luis Fernando Ayerbe
Marcelo Takeshi Yamashita
Maria Cristina Pereira Lima
Milton Terumitsu Sogabe
Newton La Scala Júnior
Pedro Angelo Pagni
Renata Junqueira de Souza
Sandra Aparecida Ferreira
Valéria dos Santos Guimarães

Editores-Adjuntos
Anderson Nobara
Leandro Rodrigues

Matilde Zimmermann

A Revolução Nicaraguense

Coleção Revoluções do Século XX
Direção de Emília Viotti da Costa

© 2002 Editora Unesp

Direitos de publicação reservados à:
Fundação Editora da Unesp (FEU)
Praça da Sé, 108
01001-900 – São Paulo – SP
Tel.: (0xx11) 3242-7171
Fax: (0xx11) 3242-7172

www.editoraunesp.com.br
www.livrariaunesp.com.br
atendimento.editora@unesp.br

CIP – Brasil. Catalogação na fonte Sindicato
Nacional dos Editores de Livros, RJ

Z66r

Zimmermann, Matilde
  A revolução nicaraguense / Matilde Zimmermann; tradução de Maria Silvia Mourão Netto. – São Paulo: Editora Unesp, 2006.

  il. – (Revoluções do Século XX)
  ISBN 85-7139-653-1

  1. Frente Sandinista de Libertação Nacional. 2. Nicarágua – História – Revolução, 1979. 3. Nicarágua – História – 1909-1937. 4. Nicarágua – História – 1937-1979. 5. Nicarágua – Condições sociais – 1979-. I. Título. II. Série.

06-1676 CDD 972.85052
  CDU 94(728.5)"1979"

Editora afiliada:

Asociación de Editoriales Universitarias de América Latina y el Caribe

Associação Brasileira de Editoras Universitárias

Apresentação da coleção

O século XIX foi o século das revoluções liberais; o XX, o das revoluções socialistas. Que nos reservará o século XXI? Há quem diga que a era das revoluções está encerrada, que o mito da Revolução que governou a vida dos homens desde o século XVIII já não serve como guia no presente. Até mesmo entre pessoas de esquerda, que têm sido através do tempo os defensores das ideias revolucionárias, ouve-se dizer que os movimentos sociais vieram substituir as revoluções. Diante do monopólio da violência pelos governos e do custo crescente dos armamentos bélicos, parece a muitos ser quase impossível repetir os feitos da era das barricadas.

Por toda parte, no entanto, de Seattle a Porto Alegre ou Mumbai, há sinais de que hoje, como no passado, há jovens que não estão dispostos a aceitar o mundo tal como se configura em nossos dias. Mas quaisquer que sejam as formas de lutas escolhidas é preciso conhecer as experiências revolucionárias do passado. Como se tem dito e repetido, quem não aprende dos erros do passado está fadado a repeti-los. Existe, contudo, entre as gerações mais jovens, uma profunda ignorância desses acontecimentos tão fundamentais para a compreensão do passado e a construção do futuro. Foi com essa ideia em mente que a Editora Unesp decidiu publicar esta coleção. Esperamos que os livros venham a servir de leitura complementar aos estudantes da escola média, universitários e ao público em geral.

Os autores foram recrutados entre historiadores, cientistas sociais e jornalistas, norte-americanos e brasileiros, de posições políticas diversas, cobrindo um espectro que vai do centro até a esquerda. Essa variedade de posições foi conscientemente buscada. O que perdemos, talvez, em consistência, esperamos ganhar na diversidade de interpretações que convidam à reflexão e ao diálogo.

Para entender as revoluções no século XX, é preciso colocá-las no contexto dos movimentos revolucionários que se desencadearam a partir da segunda metade do século XVIII, resultando na destruição final do Antigo Sistema Colonial e do Antigo Regime. Apesar das profundas diferenças, as revoluções posteriores procuraram levar a cabo um projeto de democracia que se perdeu nas abstrações e contradições da Revolução de 1789, e que se tornou o centro das lutas do povo a partir de então. De fato, o século XIX assistiu a uma sucessão de revoluções inspiradas na luta pela independência das colônias inglesas na América e na Revolução Francesa.

Em 4 de julho de 1776, as treze colônias que vieram inicialmente a constituir os Estados Unidos da América declaravam sua independência e justificavam a ruptura do Pacto Colonial. Em palavras candentes e profundamente subversivas para a época, afirmavam a igualdade dos homens e apregoavam como seus direitos inalienáveis: o direito à vida, à liberdade e à busca da felicidade. Afirmavam que o poder dos governantes, aos quais cabia a defesa daqueles direitos, derivava dos governados. Portanto, cabia a estes derrubar o governante quando ele deixasse de cumprir sua função de defensor dos direitos e resvalasse para o despotismo.

Esses conceitos revolucionários que ecoavam o Iluminismo foram retomados com maior vigor e amplitude treze anos mais tarde, em 1789, na França. Se a Declaração de Independência das colônias americanas ameaçava o sistema colonial, a Revolução Francesa viria pôr em questão todo o Antigo Regime, a ordem social que o amparava, os privilégios da aristocracia, o sistema de monopólios, o absolutismo real, o poder divino dos reis.

Não por acaso, a Declaração dos Direitos do Homem e do Cidadão, aprovada pela Assembleia Nacional da França, foi redigida pelo marquês de La Fayette, francês que participara das lutas pela independência das colônias americanas. Este contara com a colaboração de Thomas Jefferson, que se encontrava na

França, na ocasião como enviado do governo americano. A Declaração afirmava a igualdade dos homens perante a lei. Definia como seus direitos inalienáveis a liberdade, a propriedade, a segurança e a resistência à opressão, sendo a preservação desses direitos o objetivo de toda associação política. Estabelecia que ninguém poderia ser privado de sua propriedade, exceto em casos de evidente necessidade pública legalmente comprovada, e desde que fosse prévia e justamente indenizado. Afirmava ainda a soberania da nação e a supremacia da lei. Esta era definida como expressão da vontade geral e deveria ser igual para todos. Garantia a liberdade de expressão, de ideias e de religião, ficando o indivíduo responsável pelos abusos dessa liberdade, de acordo com a lei. Estabelecia um imposto aplicável a todos, proporcionalmente aos meios de cada um. Conferia aos cidadãos o direito de, pessoalmente ou por intermédio de seus representantes, participar na elaboração dos orçamentos, ficando os agentes públicos obrigados a prestar contas de sua administração. Afirmava ainda a separação dos poderes.

Essas declarações, que definem bem a extensão e os limites do pensamento liberal, reverberaram em várias partes da Europa e da América, derrubando regimes monárquicos absolutistas, implantando sistemas liberal democráticos de vários matizes, estabelecendo a igualdade de todos perante a lei, adotando a divisão dos poderes (legislativo, executivo e judiciário), forjando nacionalidades e contribuindo para a emancipação dos escravos e a independência das colônias latino-americanas.

O desenvolvimento da indústria e do comércio, a revolução nos meios de transportes, os progressos tecnológicos, o processo de urbanização, a formação de uma nova classe social – o proletariado – e a expansão imperialista dos países europeus na África e na Ásia geravam deslocamentos, conflitos sociais e guerras em várias partes do mundo. Por toda parte os grupos excluídos defrontavam-se com novas oligarquias que não atendiam às suas necessidades e não respondiam aos seus anseios. Estes extravasavam em lutas visando tornar mais efetiva a promessa democrática que a acumulação de riquezas e poder nas mãos de alguns, em detrimento da grande maioria, demonstrara ser cada vez mais fictícia.

A igualdade jurídica não encontrava correspondência na prática; a liberdade sem a igualdade transformava-se em mito; os governos representativos representavam apenas uma minoria, pois a grande maioria do povo não tinha representação de fato. Um após outro, os ideais presentes na Declaração dos Direitos do Homem foram revelando seu caráter ilusório. A resposta não se fez tardar.

Ideias socialistas, anarquistas, sindicalistas, comunistas, ou simplesmente reformistas apareceram como críticas ao mundo criado pelo capitalismo e pela liberal democracia. As primeiras denúncias ao novo sistema surgiram contemporaneamente à Revolução Francesa. Nessa época, as críticas ficaram restritas a uns poucos revolucionários mais radicais, como Gracchus Babeuf. No decorrer da primeira metade do século XIX, condenações da ordem social e política criada a partir da Restauração dos Bourbon na França fizeram-se ouvir nas obras dos chamados socialistas utópicos como Charles Fourier (1772-1837), o conde de Saint-Simon (1760-1825), Pierre Joseph Proudhon (1809-1865), o abade Lamennais (1782-1854), Étienne Cabet (1788-1856), Louis Blanc (1812-1882), entre outros. Na Inglaterra, Karl Marx (1818-1883) e seu companheiro Friedrich Engels (1820-1895) lançavam-se na crítica sistemática ao capitalismo e à democracia burguesa, e viam na luta de classes o motor da história e, no proletariado, a força capaz de promover a revolução social. Em 1848, vinha à luz o *Manifesto comunista*, conclamando os proletários do mundo a se unirem.

Em 1864, criava-se a Primeira Internacional dos Trabalhadores. Três anos mais tarde, Marx publicava o primeiro volume de *O capital*. Enquanto isso, sindicalistas, reformistas e cooperativistas de toda espécie, como Robert Owen, tentavam humanizar o capitalismo. Na França, o contingente de radicais aumentara bastante, e propostas radicais começaram a mobilizar um maior número de pessoas entre as populações urbanas. Os socialistas, derrotados em 1848, assumiram a liderança por um breve período na Comuna de Paris, em 1871, quando foram novamente vencidos. Apesar de suas derrotas e múltiplas divergências entre os militantes, o socialismo foi ganhando adeptos em várias partes do mundo. Em 1873, dissolvia-se a Primeira Internacional. Marx faleceu dez anos mais tarde, mas sua obra continuou a exercer poderosa influência. O segundo volume de *O capital* saiu em 1885, dois anos após sua morte, e o terceiro, em 1894. Uma nova Internacional foi fundada em 1889. O movimento em favor de uma mudança radical ganhava um número cada vez maior de participantes, em várias partes do mundo, culminando na Revolução Russa de 1917, que deu início a uma nova era.

No início do século XX, o ciclo das revoluções liberais parecia definitivamente encerrado. O processo revolucionário, agora sob inspiração de socialistas e comunistas, transcendia as fronteiras da Europa e da América para assumir caráter mais universal. Na África, na Ásia, na Europa e na América, o caminho seguido pela União Soviética alarmou alguns e serviu de inspiração a outros, provocando debates e confrontos internos e externos que marcaram a história do século XX, envolvendo todos. A Revolução Chinesa, em 1949, e a Cubana, dez anos mais tarde, ampliaram o bloco socialista e forneceram novos modelos para revolucionários em várias partes do mundo.

Desde então, milhares de pessoas pereceram nos conflitos entre o mundo capitalista e o mundo socialista. Em ambos os lados, a historiografia foi profundamente afetada pelas paixões políticas suscitadas pela guerra fria e deturpada pela propaganda. Agora, com o fim da guerra fria, o desaparecimento da União Soviética e a participação da China em instituições até recentemente controladas pelos países capitalistas, talvez seja possível dar início a uma reavaliação mais serena desses acontecimentos.

Esperamos que a leitura dos livros desta coleção seja, para os leitores, o primeiro passo numa longa caminhada em busca de um futuro, em que liberdade e igualdade sejam compatíveis e a democracia seja a sua expressão.

Emília Viotti da Costa

Sumário

Lista de abreviaturas *15*

Introdução *17*

1. Sandino e Somoza *23*

2. A revolução cubana e a formação da FSLN *39*

3. Evolução de um programa e de uma estratégia *61*

4. A vitória de julho de 1979 *77*

5. Os revolucionários no poder *93*

6. A revolução em guerra *113*

Epílogo
O começo do fim da revolução na Nicarágua *143*

Referências bibliográficas e leitura complementar *153*

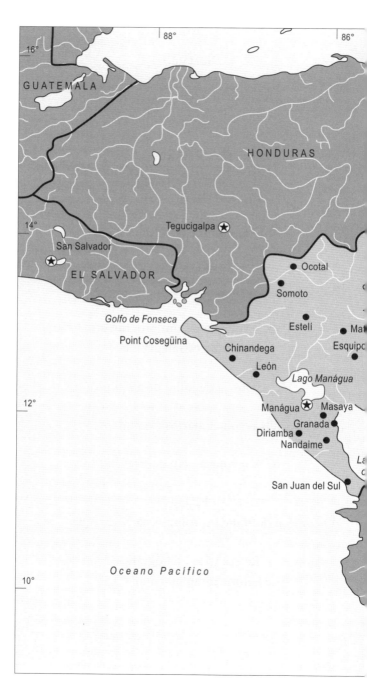

Lista de abreviaturas

AMNLAE:	Associação de Mulheres Nicaraguenses Luisa Amanda Espinoza
ATC:	Associação dos Trabalhadores do Campo
ATR:	Associação dos Trabalhadores Rurais
CCB:	Comunidades Cristãs de Base
CDSs:	Comitês de Defesa Sandinista
Cosep:	Conselho Superior de Empresas Privadas
CST:	Central Sandinista dos Trabalhadores
EDSN:	Exército Defensor da Soberania Nacional
EPS:	Exército Popular Sandinista
FER:	Frente Estudantil Revolucionária
FLN:	Frente de Libertação Nacional
FSLN:	Frente Sandinista de Libertação Nacional
FSS:	Federação dos Sindicatos Sandinistas
FST:	Federação Sandinista dos Trabalhadores
FTE:	Frente Terrorista da Escravidão
GPP:	Guerra Popular Prolongada
JDN:	Juventude Democrática Nicaraguense
JPN:	Juventude Patriótica Nicaraguense
JRN:	Juventude Revolucionária Nicaraguense
JS19:	Juventude Sandinista 19 de Julho
MIR:	Movimento da Esquerda Revolucionária (Movimiento de la Izquierda Revolucionaria)
MNN:	Movimento Nova Nicarágua

MPU:	Movimento Povo Unido
MR:	Mobilização Republicana
OEA:	Organização dos Estados Americanos
OLP:	Organização pela Libertação da Palestina
PPSC:	Partido Popular Social Cristão
PS:	Polícia Sandinista
PSN:	Partido Socialista da Nicarágua
SMP:	Serviço Militar Patriótico
TI:	Tendência Insurrecional
TP:	Tendência Proletária
UCA:	Universidade Centro-Americana da Nicarágua
Unag:	União Nacional dos Agricultores e Boiadeiros (Unión Nacional de Agricultores y Ganaderos)
UNO:	União Nacional Opositora

Introdução

No dia 19 de julho de 1979, a Nicarágua, um país da América Central com menos de três milhões de habitantes, chamou a atenção do mundo todo. A ditadura de Somoza, a mais longa registrada na América Latina, foi derrubada por um bando de guerrilheiros esquerdistas maltrapilhos, depois de haverem liderado uma maciça insurreição popular.

Quando os jovens guerrilheiros vitoriosos da Frente Sandinista de Libertação Nacional (FSLN) marcharam pela capital da Nicarágua, em julho de 1979, a cena festiva lembrava outra vitória revolucionária, ocorrida vinte anos antes. Como Fidel Castro e os demais líderes da revolução cubana de 1959, os combatentes nicaraguenses, em uniformes verde-oliva imundos, alguns até rasgados, agitavam ao alto suas bandeiras de cores vermelha e preta; muitos daqueles homens haviam deixado crescer a barba, durante o longo período passado nas selvas. A FSLN, como sua predecessora em Cuba, tinha chegado ao poder liderando uma genuína revolução popular, que combinava táticas de guerrilha rural com levantes urbanos. Como o Movimento Cubano 26 de Julho, a FSLN lutava pela reforma agrária e pelos direitos dos trabalhadores, e contra a ditadura e a dominação dos Estados Unidos. Em ambos os casos, uma ditadura brutal foi derrubada e teve seu exército destruído. O ditador cubano Fulgêncio Batista fugiu para Miami no dia 1º de janeiro de 1959. Anastasio Somoza, cuja família governava a Nicarágua havia quatro décadas, usou a mesma rota de fuga no dia 17 de julho de 1979, levando do Tesouro Nacional tudo o que conseguiu roubar.

Tanto a revolução cubana de 1959 como a revolução nicaraguense de 1979 tiveram um impacto eletrizante, que repercutiu muito além de suas fronteiras. A vitória cubana levou à proliferação de movimentos socialistas e nacionalistas armados em muitos outros pontos da América Latina, nos anos 1960 e 1970, em especial nos países andinos e do Cone Sul. A vitória nicaraguense de 1979 desencadeou uma série de revoluções na década de 1980, em particular em El Salvador e na Guatemala, e tornou toda a região da América Central o foco de combates internacionais entre revolucionários e contrarrevolucionários.

Dos diversos movimentos guerrilheiros que eclodiram na América Latina nas décadas posteriores a 1959, só a FSLN, da Nicarágua, conseguiu ascender ao poder. No início dos anos 1960, isso não poderia ter sido previsto. A Nicarágua era um país pobre, subdesenvolvido, com uma população de apenas 2,5 milhões de pessoas no final da década de 1970, localizado em uma região igualmente pobre e subdesenvolvida, mesmo se comparado aos demais países da América Latina e do Caribe. Tinha, como ainda hoje, uma pequena classe operária, sem nada em sua história comparável às lutas dos trabalhadores cubanos nas lavouras de açúcar e tabaco, às dos mineiros bolivianos da extração de estanho, ou às dos operários industriais no Chile e no Brasil. Nos anos 1970, havia na Argentina meia dúzia de universidades com mais estudantes pró-revolucionários do que em todo o território da Nicarágua. Em vários países, entre os quais o Peru, a Guatemala e a Colômbia, os movimentos guerrilheiros de esquerda eram consideravelmente maiores que a FSLN, inclusive na véspera de sua vitória sobre Somoza. Em El Salvador, país vizinho, arrastava-se uma revolta campesina pela posse de terras muito mais intensa e duradoura do que jamais se havia registrado na Nicarágua, em parte por causa da ampla disponibilidade de terras ao longo de sua pouco habitada fronteira agrícola. As características históricas e estruturais da Nicarágua por si sós não são suficientes para explicar por que a revolução nicaraguense teve sucesso, diante do fracasso de tantas outras iniciativas semelhantes em outras regiões da América Latina.

Este livro visa a mostrar que a liderança coletiva dos jovens homens e mulheres da FSLN tornou possível a revolução na Nicarágua. Como Che Guevara, acredito que um dos requisitos mais importantes da revolução é o fator humano. Na Nicarágua, como em Cuba, a liderança vivida e comprometida, a "vanguarda" no vocabulário da época, foi um ingrediente decisivo para o sucesso da revolução. A Nicarágua levou muito mais tempo, quase duas décadas, e o líder número um da FSLN, Carlos Fonseca, não sobreviveu para ajudar no processo de transformação social subsequente à derrubada da ditadura. Mas considero que, em ambos os países, ocorreram revoluções sociais genuínas que abriram a possibilidade de construir um novo tipo de sociedade, baseada na produção e nos valores socialistas, e não nos parâmetros capitalistas.

O que aconteceu em Cuba em 1959, e na Nicarágua em 1979, deve ser visto de modo distinto em termos de mudança política recorrente na América Latina, em que governos progressistas ou populistas substituíram regimes conservadores por meio de eleições ou golpes. As diferenças são mais evidentes no grau da mobilização popular em Cuba e na Nicarágua, na determinação de seus líderes revolucionários e no fato de que os aparatos da repressão da antiga ordem foram neutralizados ao longo das revoluções, sendo substituídos por novos exércitos, polícias e outras instituições, nascidas das lutas da massa popular.

Apesar de sua reduzida extensão territorial e de sua pouca importância econômica diante de outros países latino-americanos, a revolução de 1979 na Nicarágua representou uma ameaça a um sistema que se baseava na dependência e na exploração. Como a revolta dos escravos no Haiti, nos idos de 1790, e todas as outras revoluções genuínas, a revolução sandinista de 1979 despertou enorme esperança em alguns e terror furioso em outros. Combatentes simpáticos à mudança social afluíram a Manágua no início dos anos 1980, como ocorrera em Havana no início da década de 1960, tanto para prestar sua solidariedade como para aprender. Enquanto isso, os Estados Unidos trabalhavam com alguns setores da burguesia nicaraguense e da derrotada Guarda Nacional de Somoza, preparando um brutal ataque contrarrevolucionário.

Certamente, a Nicarágua não é Cuba e as duas revoluções foram distintas em muitos sentidos. A revolução sandinista – como todas as revoluções – foi produto de uma experiência nacional particular, de uma história e de um corpo de tradições específicas, de determinada cultura política. Foi combatida e liderada por pessoas de carne e osso, com todas as suas forças e fraquezas, não por ícones ou demônios. Diversamente do governo socialista cubano, que permanece no poder mais de quarenta anos depois da revolução, o governo revolucionário na Nicarágua foi esvaziado e depois destituído em um processo eleitoral realizado depois de apenas uma década.

Uma das lições da revolução nicaraguense – que não é nada nova – é que os desafios mais difíceis vêm não antes, mas *após* a queda da antiga ordem, no decorrer do processo de se tentar construir uma nova sociedade e defender a revolução contra um ataque inevitável das velhas classes dominantes e dos Estados Unidos. Alguns estudiosos nicaraguenses chegaram à conclusão de que a revolução socialista é impossível, pelo menos em uma região que os Estados Unidos consideram seu "quintal". Acredito que o oposto seja verdadeiro, e a lição mais importante da Nicarágua, como da crise social e econômica que dilacera os países da América Latina atualmente, é que uma revolução não só é possível, como necessária.

Este livro narra a ascensão e a queda da revolução nicaraguense. Espero que sirva de inspiração para os leitores que cresceram a partir de 1979, assim como há mais de duas décadas me inspiraram os feitos e as realizações dos jovens homens e mulheres da FSLN e da massa popular da Nicarágua.

A lista completa de pessoas e instituições que contribuíram para as duas décadas de pesquisas e redação em que se baseia este volume seria excessiva diante do pequeno tamanho desta obra. Gostaria apenas de expressar minha gratidão ao Sarah Lawrence College por ter possibilitado a minha mais recente visita à Nicarágua, por meio do Programa Mellon de Bolsas de Pesquisa, e por me conceder tão precioso tempo para escrever. Gostaria também de agradecer à tradutora do livro para o português, à editora da série, sra. Emilia Viotti da Costa, e à Fundação Editora da Unesp, sua contribuição para a divulgação da história da revolução da Nicarágua entre o público brasileiro.

1. Sandino e Somoza

Seus generais aconselharam-no a não fazer a viagem até a capital.

Disseram a Sandino que não confiavam que o presidente Sacasa fosse capaz de controlar a Guarda Nacional, mesmo que isso estivesse a seu alcance. Protegido pelas montanhas das Segóvias, rodeado pelo que restara de seu Exército Defensor da Soberania Nacional (EDSN), o general guerrilheiro estaria pelo menos a salvo.

Mas já estavam em fevereiro de 1934. Um ano inteiro havia-se passado desde que Augusto C. Sandino, o general rebelde, assinara um acordo de paz com o recém-eleito presidente liberal da Nicarágua, Juan B. Sacasa. Os fuzileiros navais dos Estados Unidos, que Sandino combatera de 1927 a 1932 à frente de um exército de campesinos, tinham enfim se retirado daquele país da América Central. Agora Sandino queria pressionar Sacasa a retirar a Guarda Nacional que, em clara violação dos acordos de paz e sob a proteção constitucional, estava incitando o EDSN que ocupava a região das montanhas.

Assim, no dia 18 de fevereiro, Sandino subiu a bordo de um pequeno avião e voou até Manágua, onde foi recebido no palácio presidencial. O chefe da Guarda Nacional, Anastasio Somoza García, chegou a encontrá-lo no palácio e os dois inimigos trocaram um abraço e fotos autografadas de ambos. Três dias depois, o presidente e Sandino levantaram brindes cordiais um ao outro, durante um jantar oficial. Entretanto, no mesmo dia 21 de fevereiro, enquanto ainda tilintavam as taças, os oficiais de mais alta patente da Guarda traçavam seus planos não muito longe dali, em plena residência do general Somoza. O esquema funcionou com perfeição. Sandino deixou a festa do presidente pouco depois das dez da noite, mas seu carro percorreu apenas alguns quarteirões antes de ser detido por soldados da Guarda. O general rebelde e dois companheiros foram levados de caminhão e, depois, sumariamente assassinados. Um segundo esquadrão da Guarda Nacional atacou a casa em que Augusto Sandino se hospedara em Manágua, matando seu irmão, Sócrates Sandino, e duas outras pessoas. Um terceiro ataque sincronizado da Guarda contra o distante acampamento sandinista nas montanhas ao norte resultou na morte de centenas de simpatizantes e de suas famílias.

Enquanto aconteciam os assassinatos, Anastasio Somoza participava de uma sessão literária em que se liam poemas, mas tanto naquele momento como depois foram poucos os que acreditaram em sua alegação de que seus subordinados teriam agido por conta própria. Houve mais polêmica sobre a cumplicidade de dois outros poderosos de Manágua: o presidente Sacasa e o embaixador americano, Bliss Lane. A legião de revolucionários que seguia Sandino afirmava que os Estados Unidos, que haviam criado a Guarda Nacional e indicado seu chefe, haviam aprovado todas as execuções.

A TERRA DE SANDINO

Na época em que Sandino foi morto, a Nicarágua já era formalmente independente havia mais de cem anos. Embora ocupando a maior extensão territorial de todos os países da América Central, nos anos 1930 a Nicarágua tinha menos de setecentos mil habitantes e o dia a dia da maioria dos campesinos nicaraguenses não era significativamente diferente do que tinha sido a vida de seus ancestrais sob a dominação colonial espanhola.

Quando os espanhóis chegaram, no início do século XVI, trouxeram muitas doenças terríveis contra as quais a população indígena não tinha imunidade. Em aproximadamente duas décadas, as epidemias e as brutais incursões para a captura de escravos, que seriam levados até as minas de prata no Peru, reduziram a população nativa da Nicarágua, na época um milhão de pessoas, para poucas dezenas de milhares, em um verdadeiro holocausto demográfico que levaria vários séculos para ser revertido. No início, os conquistadores sofreram certa oposição, originalmente liderada pelo cacique Diriangén, o primeiro de uma série de vários heróis da resistência. Logo em seguida, porém, os espanhóis impuseram sua dominação à dizimada e enfraquecida população nativa.

A Nicarágua era e é um país de grande beleza natural e potencial agrícola, com extensas áreas planas e quentes, de solo fértil, rico em cinzas vulcânicas, uma região montanhosa de clima temperado e rios caudalosos, florestas gigantescas de mogno e de outras madeiras nobres, longas áreas costeiras tanto na costa do Atlântico como na do Pacífico, além de dois grandes lagos. O país dispõe também de duas consideráveis jazidas de ouro na Região Noroeste. Mas os espanhóis estavam interessados em saques considerados mais fáceis e em concentrações mais numerosas de trabalhadores. A Nicarágua e toda a América Central eram muito menos atraentes para eles do que as terras que já haviam conquistado ao norte e ao sul.

A Nicarágua permaneceu relativamente atrasada durante os trezentos anos da dominação colonial espanhola. Sua principal atividade econômica era a criação de gado bovino, que ocupava as enormes fazendas concedidas aos descendentes dos primeiros conquistadores. Os latifundiários queixavam-se sistematicamente da falta de mão de obra – fenômeno compreensível à luz do extermínio da população ocorrido no século XVI – e se preocupavam em controlar e manter seus serviçais índios e mestiços. A maior parte da população consistia em lavradores com atividades de subsistência, plantadores de milho e feijão, capazes de construir e eventualmente vender os artefatos artesanais de que mais necessitavam. Além das duas grandes cidades coloniais de Grenada e León, a maior parte da Nicarágua tinha características de fronteira. Instituições coloniais, como a Igreja, o Exército e a máquina burocrática, eram parcamente representadas. A Espanha havia renunciado à farsa de algum controle sobre a remota costa atlântica, que então passou a sofrer a influência britânica. Havia um pequeno contingente de escravos africanos, importados pela região ocidental do país na fase colonial, para atuar no serviço doméstico ou como trabalhadores qualificados para servir aos ricos. A maioria dos descendentes africanos na Nicarágua vivia – e ainda vive – na costa do Atlântico.

Durante o período colonial e as primeiras décadas após a independência, os nicaraguenses nativos gozavam de considerável autonomia em sua vida diária e em relação a suas formas de organização, apesar de serem submetidos a convocações sumárias para trabalhar para o Estado ou para os grandes senhores rurais. No entanto, como a população indígena era relativamente pequena e dispersa, com o tempo os idiomas nativos da região ocidental da Nicarágua foram desaparecendo. Cada vez mais, as pessoas que se identificavam ou eram identificadas como índios passaram a falar uma variação do espanhol. Esse processo era bem evidente nos idos de 1830, quando a dominação espanhola chegou ao fim.

Assim como os conquistadores, vindos de fora, a Independência da Nicarágua se deu no país como subproduto dos conflitos em uma área mais populosa, e sem que tivesse havido uma guerra pela libertação. Em rápida sucessão, a área que estivera sob controle da Espanha tornou-se parte de um império mexicano de curta duração e, em seguida, de uma Federação Centro-Americana, antes de ser uma nação independente. Todas essas mudanças políticas resultaram de disputas pelo poder travadas pelas famílias dominantes naquelas regiões, com pouco ou nenhum impacto sobre a vida da maioria dos cidadãos.

A vida política do país, nos 150 anos posteriores à Declaração de Independência, foi dominada por conflitos e guerras esporádicas entre as facções conservadora e liberal da classe latifundiária, e pela intervenção dos Estados Unidos. Em 1855, décadas após a Independência, os liberais convidaram o aventureiro norte-americano William Walker a vir ao país para ajudá-los a derrotar seus rivais conservadores, mas isto não deu certo e Walker acabou declarando-se presidente da Nicarágua, impôs o inglês como idioma oficial e reintroduziu a escravidão, abolida várias décadas antes. Ambos os partidos nicaraguenses e os exércitos de quatro países centro-americanos uniram-se para derrotar Walker, embora os revolucionários do século XX apenas se lembrem da resistência popular ao "flibusteiro".

A introdução da cultura do café, na segunda metade do século XIX, levou a um rápido crescimento nas exportações do produto e ao acúmulo de uma riqueza até então inédita nas mãos de plantadores tanto nicaraguenses quanto estrangeiros, acompanhada de crescente miséria para a maioria da população rural. Estimulados por uma oferta do governo que prometia a distribuição de terras a investidores, assim como o provimento de meios para que plantassem milhares de pés de café, vieram imigrantes da Alemanha, da Itália, da Grã-Bretanha e dos Estados Unidos, para assumir a cafeicultura. À medida que se disseminavam as áreas de cultivo do café, primeiro nas encostas próximas a Manágua e depois nas regiões montanhosas do centro-norte, os índios camponeses e mestiços até então autossuficientes foram forçados a firmar acordos de arrendamento, ou então a se mudar para regiões mais remotas das fronteiras agriculturáveis. Políticos conservadores e liberais incentivavam investimentos estrangeiros e a modernização da infraestrutura econômica, como vantagem para os exportadores agrícolas, ao mesmo tempo que a violência dos senhores de terras, o endividamento dos trabalhadores rurais, as novas leis para coibir a ociosidade e a apropriação de terras comunitárias das populações nativas serviam para achatar os salários. O trabalho forçado nos projetos públicos causou uma revolta dos índios em 1881, na localidade de Matagalpa.

Entre 1849 e 1933, os fuzileiros navais americanos invadiram a Nicarágua nada menos que catorze vezes, em geral para empossar um presidente que parecesse a Washington mais solidário com os interesses dos Estados Unidos, mais estável e/ou mais apto a proteger os interesses e os investimentos norte-americanos. No início do século XX, José Zelaya, um presidente liberal e modernizador, voltado para a promoção de negócios, foi destituído pelos Estados Unidos porque sua retórica nacionalista preocupava os norte-americanos donos das minas de ouro da Nicarágua. Os fuzileiros navais, que haviam invadido o país em 1912 para abafar uma insurreição liderada pelo revolucionário liberal Benjamin Zeladón, ali permaneceram, com pequenos intervalos, por mais de vinte anos.

Entre 1912 e 1933, a Nicarágua foi governada como um protetorado virtual dos Estados Unidos, por uma série de presidentes conservadores subservientes a Washington que reivindicava – e exercia – o direito de intervir para proteger os empréstimos e os investimentos norte-americanos naquele país e para garantir sua estabilidade política. A diretoria do Banco Nacional da Nicarágua se reunia em Nova York e só havia um representante nicaraguense honorário. A ferrovia nicaraguense estava oficialmente registrada no estado do Maine, e os impostos e as taxas alfandegárias nicaraguenses iam diretamente para bancos nos Estados Unidos. O Tratado Bryan-Chamorro, de 1914, outorgava aos Estados Unidos, "em caráter perpétuo", o direito exclusivo de explorar as rotas marítimas e terrestres entre os dois oceanos, com os três milhões de dólares anuais de aluguel indo diretamente para os bancos credores da gigantesca dívida da Nicarágua. A histeria dos empréstimos da década de 1920, conhecida na América Latina como a "dança dos milhões", gerou ainda mais empréstimos em sua maioria destinados aos serviços relativos à dívida e ao Exército, com apenas um pequeno montante destinado ao desenvolvimento da infraestrutura e valores ainda menores para os serviços públicos. Esse foi um período desastroso para os artesãos nicaraguenses, que não conseguiam competir com os produtos de baixo preço, importados dos Estados Unidos.

Augusto Sandino, general guerrilheiro

A guerra de Sandino contra os fuzileiros navais, como a invasão de William Walker em meados do século XIX, teve início em uma guerra civil entre liberais e conservadores. Em 1926, o exército liberal insurgiu-se contra um presidente conservador, imposto pelos norte-americanos. Embora as políticas econômicas dos liberais não fossem diferentes das dos conservadores, os liberais insurretos contavam com o apoio do governo mexicano, e Washington receou que o que definia como o "bolchevismo" mexicano se alastrasse. Mais de cinco mil fuzileiros navais estadunidenses entraram no país e ocuparam todas as principais cidades, na tentativa de deter o avanço dos liberais.

Em 1926, aos 31 anos de idade, trabalhando como mecânico em uma empresa petrolífera americana baseada no México, Sandino decidiu sacar suas economias e voltar à Nicarágua para oferecer seus préstimos ao líder dos liberais, o general José Maria Moncada. A carta de Sandino a Moncada não poderia ter sido bem recebida pelos líderes liberais abastados: estava assinada sob o *slogan* anarquista "Propriedade é roubo" e decorada com a bandeira vermelha e preta, que se tornaria sua marca registrada e o selo distintivo de toda uma geração seguinte de rebeldes.

Em 4 de maio de 1927, Sandino recusou-se a assinar um pacto negociado com os Estados Unidos, em que os outros generais liberais concordavam em encerrar a guerra civil mediante um desarmamento geral, estabelecer uma nova Guarda Nacional e realizar eleições presidenciais supervisionadas pelos Estados Unidos. Acusando os líderes liberais e conservadores de "corja de canalhas, covardes e traidores, incapazes de dirigir um povo patriótico e valoroso", Sandino refugiou-se nas montanhas do noroeste com seus seguidores. Dois meses depois, na cidade mineira de San Albino, divulgou um manifesto de desafio em que convocava o povo para uma guerra até a morte contra os invasores ianques: "Nossos peitos serão muralhas contra as quais suas hordas se chocarão, pois tenho a firme convicção de que, quando tiverem matado o último dos meus soldados, mais de um batalhão deles terá comido o pó de minhas montanhas agrestes". Sandino continuou descrevendo sua guerra como uma cruzada liberal, mesmo depois de seu antigo aliado, Moncada, ter sido eleito presidente em 1928 e de muitos dos que se haviam unido a ele terem agido desse modo em virtude de antigas alianças de suas famílias e aldeias com os liberais. Também era posta em prática uma dinâmica classista de recrutamento. Os mineiros e camponeses uniram-se ao general rebelde para lutar contra patrões, senhores de terra, burocratas e cobradores de impostos, todos envolvidos em várias formas de abuso. Em 1930, a Guarda Nacional e os fuzileiros tentaram desalojar à força a população de uma região simpática a Sandino, causando enorme revolta e resistência. Um sentimento expressamente nacionalista pode ter sido a motivação menos importante para os seguidores de Sandino, embora ele mesmo sempre tivesse enfatizado o caráter patriótico e anti-imperialista de sua guerra contra os fuzileiros.

O exército sandinista, como as forças liberais e conservadoras das guerras civis do século XIX e início do XX, era composto em sua maioria por campesinos. Mas Sandino era diferente dos latifundiários que instigavam seus lavradores dependentes a lutar por seus patrões. Sandino liderava-os nas batalhas e com isso conquistava sua lealdade. Os seguidores do próprio Sandino e os da geração seguinte também salientavam sua força de caráter, humildade, honestidade e desdém pelo "ouro corrupto" e pelo ganho material. Essa era uma imagem que o próprio líder cultivava, salientando suas raízes de campesino e índio e rejeitando os vícios e luxos urbanos.

Sandino não inventou a estratégia da guerra de guerrilhas, mas se tornou um estrategista magistral. Em meados dos anos 1950, Fidel Castro e seus seguidores estudaram a estratégia militar de Sandino em seus preparativos para a guerra em Sierra Maestra que levaria à Revolução Cubana de 1959. Nos anos 1960 e 1970, uma nova geração de revolucionários na Nicarágua buscava inspiração e lições táticas em Sandino. Ele usava as táticas clássicas da guerrilha: emboscadas, ataques surpresa, alto nível de mobilidade e a capacidade de contar com informações e apoio logístico de uma proporção significativa da população local. Seu exército guerrilheiro, com menos de mil soldados, causou sérias dores de cabeça – sem, porém, conseguir derrotar – para forças muito maiores e mais bem equipadas de americanos e nicaraguenses, espalhadas por um amplo trecho do território centro-norte do país.

Confrontados em casa por uma crescente oposição à sua interferência na guerra da Nicarágua, os Estados Unidos começaram a se retirar do conflito em 1932 e, em janeiro de 1933, saíram os últimos fuzileiros. Washington deixou no país um presidente liberal eleito, Juan B. Sacasa, e um chefe liberal indicado para a Guarda Nacional, Anastasio Somoza García. Não levaria um ano para ficar evidente quem era o mais forte. Em 1934, os liberais de Somoza, com a ajuda dos conservadores, derrotaram os liberais de Sacasa por 33 votos a quatro, em uma votação na Assembleia Nacional para conceder anistia aos assassinos de Sandino, alegando que qualquer crítica à Guarda Nacional era um ataque direto à segurança nacional.

O regime de Anastasio Somoza García

O homem que os Estados Unidos haviam escolhido para liderar a Guarda Nacional era um ex-vendedor de carros usados, de temperamento sociável, com inglês fluente, que já provara tanto sua brutalidade como sua lealdade a Washington. Como dissera o presidente Franklin D. Roosevelt certa vez em tom brincalhão: "Somoza pode ser um filho da puta, mas é o *nosso* filho da puta". Em 1936, uma demonstração de força de Somoza convenceu o presidente Sacasa a renunciar e a abandonar o país.

O golpe de Somoza contra o presidente eleito Sacasa em 1936 teve considerável apoio popular e, logo depois, Somoza foi facilmente eleito presidente. O eleitorado era controlado e muitos campesinos e trabalhadores votavam como seus patrões e empregadores mandavam, o que não diferia em nada, nessa época, de eleições anteriores na Nicarágua ou em outros países da América Central.

Poucos nicaraguenses lamentaram a partida de Sacasa. A Depressão mergulhara o país em uma grave crise. Em 1933, as exportações de café caíram para menos da metade de seu valor em 1929, apesar de haver maior volume de grãos exportados em decorrência dos abusos contra a terra e a mão de obra praticados pelos cafeicultores, no esforço de aumentar a produção para compensar a queda dos preços do produto no mercado internacional. Números cada vez maiores de pessoas perdiam suas lavouras de subsistência, ao mesmo tempo que o desemprego atingia níveis sem precedentes, tanto no campo quanto nas cidades. A insatisfação do operariado levou a tentativas de fundação de sindicatos e à formação do Partido dos Trabalhadores da Nicarágua. Diante de tais circunstâncias, os dois partidos da burguesia alimentavam expectativas positivas a respeito de um homem forte como Somoza, que prometia paz e ordem. A sua imagem de caudilho da ordem também era atraente à extrema direita e, com isso, Somoza conseguiu atrair os "Camisas Azuis" pró-fascistas.

A ascensão de Somoza ao poder também contou com o considerável apoio do movimento operário urbano, conquistado depois de sua intervenção para solucionar uma greve de taxistas, com desfecho favorável aos trabalhadores, e com base em suas origens na classe média, assim como em seus ataques à tradicional aristocracia rural, revestidos de algumas vagas promessas de direitos trabalhistas e de um "moderno socialismo de Estado". A nova Constituição de Somoza, de 1939, incluía um comprometimento vago com a reforma social e um apelo ao nacionalismo. Após 1942, Somoza tornou a luta contra o fascismo o tema central de sua ideologia política, apesar de continuar reverenciando Mussolini e Roosevelt como seus heróis pessoais. Sua firme posição antifascista agradava os Estados Unidos, e tornava-o popular perante os trabalhadores nicaraguenses e o pequeno grupo de comunistas organizados.

Como presidente, Somoza iniciou a adoção de políticas destinadas a consolidar seu regime por meio do fortalecimento do aparato do Estado e sua força policial, a Guarda Nacional. Seu incentivo a políticas de crédito e trabalhistas, beneficiando o capital de exportação como um todo, assentou as bases para uma série de acordos políticos com o Partido

Conservador. Somoza teve a habilidade de jogar, um contra o outro, diferentes setores da sociedade e distintas facções dos dois partidos políticos, ao mesmo tempo que se dedicava a solidificar sua própria base aliada no Partido Nacionalista Liberal e na Guarda Nacional. Conseguiu se passar por nicaraguense nacionalista e, igualmente, por um aliado leal dos Estados Unidos, chegando até mesmo a projetar uma imagem populista pró-operariado no início dos anos 1940, ganhando o apoio do novo Partido Comunista da Nicarágua. Somoza efetivamente exerceu um poder ditatorial, ou quase, em seu controle sobre a Guarda Nacional.

Em meados dos anos 1940, filho de um cafeicultor aguerrido, Anastasio Somoza era um dos maiores latifundiários do país, com mais de cinquenta fazendas de gado e quase o mesmo número de plantações de café. Muitas dessas propriedades haviam sido confiscadas de alemães naturalizados, expulsos do país durante a Segunda Guerra Mundial, o que permitiu a ele acumular tremenda fortuna pessoal sem entrar diretamente em conflito com as tradicionais famílias proprietárias de muitas terras. Na realidade, todas os estratos da classe dominante na Nicarágua gozavam de considerável prosperidade na década de 1940, quando os preços das exportações estavam em alta e, na década seguinte, quando explodiram os preços da venda do algodão no mercado externo. A ajuda militar dos Estados Unidos cresceu acentuadamente durante a Segunda Guerra Mundial, levando à modernização da Guarda Nacional, da Marinha e da Aeronáutica, e à criação de novo aparato para a polícia secreta, a Oficina de Segurança Nacional.

O aparato estatal cresceu em tamanho e em força sob o comando de Somoza. Os novos empregos na máquina administrativa e nas Forças Armadas foram destinados a recompensar os leais defensores do presidente. Os gastos federais com programas sociais, como saúde e educação, continuavam pequenos, envolvendo cerca de apenas 10% do orçamento do país. Em meados dos anos 1940, havia aproximadamente oito mil trabalhadores na indústria da Nicarágua, empregados sobretudo em pequenas empresas, além de outros dezoito mil atuando nos setores da mineração e construção civil. Em alguns locais, os operários conseguiram se organizar, como em fábricas do próprio Somoza, mas não havia sindicatos em minas e plantações de bananas de proprietários norte-americanos. A imagem pró-trabalhista de Somoza era promovida também por sua participação em comícios no Dia do Trabalho e nos financiamentos que aprovava para as "Casas del Obrero" (Casas dos Trabalhadores). A maior parte desses orçamentos, entretanto, ia diretamente para os partidos, para a compra de bebidas alcoólicas e para financiar campanhas de candidatos favoráveis a Somoza.

Os métodos somozistas certamente alimentaram ressentimentos e despertaram a oposição. Alguns jovens membros do Partido Conservador objetavam aos acordos de partilha do poder que seus líderes haviam firmado com o presidente. Inspiradas nos movimentos em prol da democracia, em El Salvador e na Guatemala em 1944, irromperam algumas manifestações contra Somoza em Manágua e León, lideradas pelos jovens conservadores e por liberais dissidentes, que tinham abandonado o partido do presidente para fundar o Partido Liberal Independente. Somoza reprimiu o movimento dos estudantes e intelectuais da classe média prendendo alguns manifestantes e exilando seus líderes. Politicamente, reagiu procurando agradar a pequena base de elite na oposição, e adotando uma atitude demagogicamente favorável ao operariado. Uma passeata de senhoras ricas da sociedade contra Somoza, todas vestidas de preto, foi contraposta por uma passeata de mulheres das classes subalternas, favoráveis a Somoza, descritas pelo jornal conservador como "verdureiras e mulheres de má reputação". Em uma conferência sobre o trabalho, realizada em 1944, Somoza afirmou que seu objetivo era trazer esperança "para os campesinos de pele curtida pelo sol, que labutam penosamente de sol a sol para conseguir sua colheita, e para aqueles trabalhadores das fábricas, lojas e minas que não conhecem o céu estrelado, e generosamente oferecem seu suor e seu sangue para construir a grandeza da nação".

Neutralizada a oposição dos conservadores, e exilados seus líderes, Somoza se voltou contra o operariado. A interdição das atividades do Partido Comunista, em 1947, pode ter tido a intenção de apaziguar os Estados Unidos, mas a supressão da onda de greves que se seguiu à Segunda Guerra Mundial tinha o intuito de servir a seus próprios interesses econômicos e reconquistar o apoio de investimentos capitalistas do Partido Conservador. O "Pacto dos Generais", de 1950, representou uma nova forma de partilha do poder entre os liberais e os conservadores favoráveis a Somoza. Como já haviam feito em 1936, e voltariam a fazer em 1972, as facções pró e contra Somoza da capital nicaraguense deram-se as mãos quando perceberam a ameaça vinda das camadas mais baixas.

A região plana no lado do Pacífico havia sido transformada pela explosão da produção de algodão na década seguinte ao fim da Segunda Guerra Mundial. Em 1955, a cultura tinha substituído o café como principal item da pauta de exportações do país. A extensão da área dedicada ao cultivo do algodão cresceu mais de cinco vezes entre 1951 e 1955, e a produção aumentou perto de dez vezes. Em mais algum tempo, dois quintos de toda a terra cultivada do país estavam cobertos por pés de algodão, e havia um exército de mais ou menos duzentos mil trabalhadores sazonais compondo sua força de trabalho temporário. Historicamente os dois maiores centros geradores de riqueza da Nicarágua, os distritos de León e Chinandega, transformaram-se em áreas abandonadas, à medida que os donos das plantações iam derrubando florestas e mais florestas e expulsando os lavradores assentados e as comunidades indígenas. Parte desse contingente expulso migrou para o norte e o oeste, instalando-se nos limites da área cultivável. Embora as condições de vida e trabalho no campo continuassem extremamente difíceis para a maioria, a promessa do governo de terras em novas áreas que se abriam perto da fronteira, ou na esteira de postos avançados da Guarda Nacional, significava uma espécie de válvula de segurança para os campesinos. Alguns dos que haviam sido expulsos de suas terras na zona de cultivo do algodão desistiram de plantar e se mudaram para as cidades, e acabaram por inchar a população de desempregados. A expansão do algodão, como a do café antes, produziu grandes fortunas, mas também gerou miséria, desigualdades e revolta.

Somoza parece não ter tido dificuldades para conter seus opositores da classe média durante os férteis anos do algodão, na década de 1950. A tentativa de um golpe por oficiais dissidentes da Guarda Nacional, em 1954, nem sequer chegou perto do Palácio Nacional. É pouco provável que a polícia secreta de Somoza tenha notado um pequeno grupo de alunos secundaristas lançando uma revista de teor cultural, em Matagalpa, em 1954-1955, embora ela viesse a ser o germe de uma organização cuja expansão Somoza algum seria capaz de deter.

Confiante em sua reeleição em 1956, Somoza elaborou uma campanha em que enfatizava suas diferenças com o candidato conservador insistindo no tema do trabalho, com promessas de implementar códigos de defesa do trabalhador, construir casas populares e apoiar a classe trabalhadora em seus conflitos com o capital. Muitos operários nicaraguenses perceberam, a essa altura, que havia uma grande distância entre o que Somoza prometia e o que de fato realizava. Por outro lado, também não tinham grandes motivos para apoiar a oposição conservadora.

"Começa o começo do fim"

Em setembro de 1956, um poeta e gráfico chamado Rigoberto López Pérez assassinou Anastasio Somoza García em uma festa da campanha eleitoral, na "Casa del Obrero", em León. López Pérez, que tinha laços distantes com os liberais dissidentes, havia sido treinado e armado por um ex-militar da Guarda Nacional, contrário a Somoza, exilado em El Salvador. Em um poema-testamento escrito como carta a sua mãe, López Pérez diz que queria ser "aquele que começa o começo do fim desta tirania" (*de ser yo él que inicie el principio del fin de esa tirania*).

Apesar de o tirano ter sido morto, a tirania seguiu adiante. O filho mais velho do presidente, Luis Somoza Debayle, foi imediatamente nomeado para ocupar o lugar do pai. O segundo filho de Somoza, Anastasio, já era chefe da Guarda Nacional. Os nicaraguenses brincavam, dizendo que "Tachito" era o único cadete formado por West Point a ganhar um exército como presente de formatura. (Na Nicarágua, Anastasio Somoza Debayle é "Tachito", para se distinguir de seu pai, Anastasio Somoza García, cujo apelido era "Tacho".)

    O novo presidente declarou estado de sítio e ordenou a prisão de estudantes ativistas, em uma onda repressora que, em León, conheceu um rigor especial. Como seu pai, tentou atrair os operários para enfrentar a oposição dos intelectuais, propondo novas reformas da legislação trabalhista que conquistaram o apoio tanto dos sindicatos somozistas quanto dos influenciados pelos comunistas. A mudança seguinte no formato do governo e da resistência na Nicarágua viria do exterior, da revolução que já estava em andamento em Cuba.

2. A Revolução Cubana e a Formação da FSLN

Por volta de 1958, muitos nicaraguenses estavam com os olhos voltados para os acontecimentos em Cuba. Alguns se sentiam empolgados, e outros, assustados. A intensificação das guerrilhas antibatista em Sierra Maestra aliada ao fato de o presidente Luis Somoza ter suspendido o estado de sítio, imposto após o assassinato de seu pai, serviram de inspiração e oportunidade para a retomada de vários tipos de ações da oposição. Os ativistas da Universidade Nacional aproveitaram sua recém-conquistada autonomia universitária para organizar a primeira greve nacional estudantil, na história do país, em outubro de 1958, e o primeiro congresso de estudantes secundaristas, em dezembro do mesmo ano. Trabalhadores portuários de Corinto, em greve, receberam o apoio dos sindicatos e dos estudantes. A luta pelo direito dos índios à terra, na comunidade semiurbana de Subtiava na costa do Pacífico, conflito que já se arrastava havia anos, explodiu enfim em demonstrações de larga escala com a ocupação de terras. A velocidade com que as operações da guerrilha se desenvolviam nas diversas regiões da Nicarágua, no início de 1959, demonstra que já havia contatos e troca de segredos, antes mesmo de 1º de janeiro de 1959, data da vitória em Cuba, o estopim para a Nicarágua.

Os dois Somoza, um no palácio presidencial, outro no quartel-general da Guarda Nacional, certamente observavam com ansiedade o colapso do exército e do governo de Fulgêncio Batista. Fazia décadas haviam-se estabelecido fortes elos entre Batista em Cuba, Somoza pai e o terceiro poderoso apoiado pelos Estados Unidos, Rafael Trujillo, presidente da República Dominicana. Os três ditadores tinham até mesmo certa semelhança física.

Quando o governo de Batista caiu, a oposição burguesa na Nicarágua encampou a vitória e abraçou o jovem advogado que a havia liderado, mesmo seus pares em Cuba tendo pouco ou nenhum papel no processo. Os políticos da oposição lideraram demonstrações em Manágua, entoando "Viva Cuba Livre" e "Viva Fidel", enquanto o jornal conservador *La Prensa* aclamava o "triunfo definitivo da causa redentora do herói Fidel Castro, defensor da bandeira da justiça e da democracia". Sem dúvida, os conservadores acreditavam que a guerrilha cubana, após derrubar militarmente o presidente Batista, entregaria o poder político aos partidos da oposição já estabelecidos. Duas décadas mais tarde, alimentariam a mesma ilusão acerca da FSLN.

Carlos Fonseca

Assim como seus pares por toda a América Latina, dezenas de jovens nicaraguenses foram para Havana nos primeiros meses após a revolução. Entre eles, Carlos Fonseca Amador, um líder estudantil de 22 anos, membro do Partido Comunista da Nicarágua.

Filho de uma lavadeira pobre e solteira, Carlos Fonseca cresceu na cidade montanhosa de Matagalpa, em cujas encostas plantava-se café. Sofrera na pele as profundas distinções de classe da sociedade nicaraguense provinciana, nos anos 1940 e 1950. Sua mãe, Augustina Fonseca, cujos cinco filhos eram de pais diferentes, era tratada com desdém pelas matronas da classe média de Matagalpa, enquanto seu pai biológico, Fausto Amador, administrador de importantes empreendimentos de Somoza, era o patriarca de uma das mais ricas e poderosas famílias da região.

Na adolescência, Carlos já dava sinais de sua capacidade como líder, fundando e editando uma revista cultural estudantil, organizando grupos de alunos secundaristas para atividades políticas em Matagalpa e Manágua, e tornando-se ainda presidente da organização estudantil logo após o ingresso na Universidade Nacional, em León. Severo e carrancudo, estava longe de ser o líder estudantil mais carismático da Nicarágua, no entanto se tornou o mais influente de todos, despertando intensa lealdade em seus seguidores. No final dos anos 1950, Fonseca era o líder estudantil mais conhecido do partido comunista que, na Nicarágua, se chamava Partido Socialista da Nicarágua (PSN). Por intermédio do partido Fonseca participou de um congresso internacional da juventude na União Soviética, em 1957. Quando voltou, escreveu um relato glorioso de sua aventura.

Mas, nos primeiros meses de 1959, sob a influência da Revolução Cubana, Carlos Fonseca começou a se afastar tanto da universidade quanto do partido comunista. De Havana voltou para a América Central e, em junho de 1959, uniu-se a uma expedição militar contra Somoza organizada em Honduras, a Brigada Rigoberto López Pérez.

A Brigada contava com o apoio e o treinamento dos cubanos, ansiosos para ver seu próprio sucesso reproduzido em outras partes da América Latina. Che Guevara forneceu o apoio logístico e ajudou a escolher o líder da expedição – um ex-oficial da Guarda Nacional que, antes, participara de um golpe malogrado contra Somoza. Exceto por alguns soldados cubanos que haviam combatido no Exército Rebelde, a Brigada Rigoberto López Pérez não tinha experiência nem disciplina militares, e seus membros eram politicamente heterogêneos. A Brigada não chegou a pisar o solo da Nicarágua. O Exército de Honduras e a Guarda Nacional nicaraguense cercaram o bando de aproximadamente oitenta homens, em El Chaparral, Honduras, matando nove revoltosos e capturando praticamente todos os demais.

Carlos Fonseca foi ferido e capturado nessa batalha. Em carta escrita enquanto estava no hospital militar, em Honduras, conta: "Não foi uma batalha, mas *o mais hediondo dos massacres*", uma derrota da qual tirou "lições que não é possível aprender nem em mil livros nem com cem mestres". A lição mais importante foi a necessidade de nova organização e de nova liderança. Fonseca culpou o líder designado para a coluna guerrilheira pelo desastre, afirmando que o massacre mostrara que "o nosso povo ainda não produziu seus dirigentes naturais... dirigentes incontestáveis".

El Chaparral pode ser visto como o primeiro momento da revolução nicaraguense de 1979, ainda que lembre o ataque de 1953 contra o Acampamento em Moncada, que deflagrou a Revolução Cubana. Como operações militares, ambas foram derrotas fragorosas. Mas tiveram significados políticos diferentes. Os rebeldes cubanos batizaram seu movimento depois do ataque a Moncada, símbolo de que os jovens homens e mulheres que combateram em 26 de julho representavam o núcleo de um novo tipo de organização revolucionária em Cuba. El Chaparral fez ver a Fonseca que tal liderança ainda não estava implantada na Nicarágua.

Fonseca considerava que nem o partido comunista, no qual passara cinco anos, nem nenhum outro grupo político existente na Nicarágua poderia levar à revolução que tinha ocorrido em Cuba. Em vez disso, ele contemplava sua própria geração: "Somos nós, os jovens, que temos a obrigação de levar a luta adiante".

A agitação e a organização dos estudantes foi crescendo na Nicarágua no início de 1959, tal como acontecera em outras partes do continente. Os protestos contra a morte e a captura de estudantes nicaraguenses em El Chaparral provocaram uma passeata em León, em 23 de julho de 1959. Essa manifestação se tornaria um momento decisivo na atividade política estudantil. A Guarda Nacional atacou uma marcha legal e pacífica de milhares de estudantes e cidadãos desarmados, matando quatro deles e ferindo mais de uma centena. Embora a passeata tivesse o apoio da administração da Universidade, e contasse com a participação de membros do Partido Conservador e do Partido Liberal Independente, não foi uma demonstração que estivesse sob o controle de nenhum partido político. Desse momento em diante, os líderes estudantis e os intelectuais radicais, nascidos na década de 1930 e politicamente ativos no final dos anos 1950, passaram a se denominar a "Geração de 23 de julho".

A resposta à truculência da Guarda Nacional em León foi maciça: praticamente toda a população da cidade saiu às ruas para acompanhar o funeral dos alunos assassinados. Fortaleceu-se assim a ala radical do movimento estudantil, isolando mais ainda o regime de Luis Somoza. O primeiro congresso dos universitários nicaraguenses, ocorrido em León no fim de 1959, aprovou a resolução que defendia a Revolução Cubana, repudiou o tratado que simbolizava o controle dos Estados Unidos sobre a Nicarágua, condenou a "atitude entreguista dos partidos históricos" e manifestou seu apoio "aos organismos estudantis da América Latina, em sua preocupação quanto à solução dos problemas dos trabalhadores".

A defesa da Revolução Cubana foi o tema comum dos novos grupos estudantis da Nicarágua, formados ao longo de 1959 e 1960. Apesar de breve sobrevida, muitos desses grupos incluíram em suas fileiras pessoas que depois se tornaram os fundadores e líderes da FSLN. Na segunda metade de 1959, um grupo de ex-alunos nicaraguenses começou a se reunir em Havana e a discutir como poderiam se organizar para fazer uma revolução.

Alguns desses jovens – todos rapazes – tinham sido membros do partido comunista. Mas a experiência em El Chaparral e a vitória do movimento cubano de 26 de julho os conduziam a um ponto de ruptura. Carlos Fonseca afirmou mais tarde que vários meses de debates com os líderes do PSN, após El Chaparral, "serviram para demonstrar que estava esgotada a possibilidade de conseguir, dentro do Partido Socialista, repetindo, estavam esgotadas as possibilidades de levar a cabo, a partir dele, a luta armada revolucionária".

A falta de compromisso com a luta armada não era a única questão que separava os jovens rebeldes do PSN. Diante do desafio representado pelo massacre de 23 de julho de 1959, Fonseca escreveu posteriormente: "Os elementos dominantes no Partido Socialista se propõem a uma atividade de tipo tradicional, unilateral, para estabelecer contato com os partidos tradicionais". Essa era uma abordagem política que o próprio

Carlos endossara até 1958. Foi a Revolução Cubana que o convenceu de que era possível aprofundar a revolução social na prática, de uma forma que nunca aconteceria caso permanecessem na dependência dos partidos nicaraguenses tradicionais que, na realidade, em meados de 1959, já se afastavam do radicalismo da reforma agrária e de outras medidas levadas a cabo pelo novo governo cubano.

Redescobrindo Sandino

Foi em Havana que despertou em Carlos Fonseca o desejo de estudar a vida de Sandino, e lá ele teve sua primeira oportunidade para tanto. Embora fosse um ávido estudante de história, criado em Matagalpa, certamente já ouvira falar do general rebelde, entretanto Carlos nunca havia mencionado Sandino, senão depois da Revolução Cubana. Quando a vitória cubana o convenceu de que era possível uma revolução social em seu próprio país, Fonseca começou a buscar inspiração e um novo modelo estratégico em Sandino. A experiência política de Fonseca no PSN não o teria levado a pensar que havia algo a ser aprendido com o líder guerrilheiro das décadas de 1920 e 1930. Não conhecera antes revolucionários ou socialistas que respeitavam Sandino, até que foi a Havana. No México, Fidel, Raul Castro e Che Guevara estudaram as táticas de Sandino para a guerra de guerrilhas, e uma expedição malsucedida contra o ditador dominicano Trujillo, da qual Fidel Castro participou, foi chamada de Batalhão Sandino.

Em 1960, a editora montada pelo novo governo cubano lançou o livro *Sandino: general de homens livres* escrito pelo socialista argentino Gregorio Selser. Era a primeira vez que a nova geração de rebeldes nicaraguenses tinha contato com as ideias anti-imperialistas e as campanhas heroicas do general guerrilheiro. Nessa época, o único livro disponível na Nicarágua era *El verdadero Sandino, o, el calvario de las Segovias* (O verdadeiro Sandino, ou, o calvário das Segócias, Manágua, Tipografia Robelo, 1936), escrito por aquele que ordenara o assassinato de Sandino, Anastasio Somoza García.

A primeira menção pública de Sandino pelos jovens que mais tarde formariam a FSLN ocorreu em meados de 1960, em um cartaz de parede, comemorando o primeiro aniversário do massacre estudantil de 23 de julho de 1959. Curiosamente o nome de Sandino estava ligado ao de José Martí, o cubano que declarara guerra contra o colonialismo espanhol, em 1895. Desse momento em diante, os dois heróis nacionalistas seriam frequentemente citados juntos, tanto por nicaraguenses como por cubanos. Discursando em Cuba, no início dos anos 1970, Carlos Fonseca declara que os povos de Cuba e da Nicarágua estavam ligados por "laços históricos indestrutíveis. O pensamento e a ação de José Martí e de Augusto César Sandino nos indicam o caminho de uma luta comum".

A fundação da FSLN

A revolução cubana inspirou uma verdadeira proliferação de grupos de estudantes radicais na Nicarágua, entre 1959 e 1960: a Juventude Democrática Nicaraguense (ligada ao partido comunista), a Juventude Revolucionária Nicaraguense e a Juventude Patriótica Nicaraguense. Havia mais semelhanças entre eles: todos organizaram demonstrações públicas de solidariedade a Cuba e contra o governo de Somoza; alguns membros pertenciam a vários deles; e começaram a ver Sandino sob uma nova luz. A Juventude Revolucionária Nicaraguense (JRN) enviou delegados a um congresso de exilados, na Venezuela, em 1960, em comemoração ao aniversário do assassinato de Sandino, e a Juventude Patriótica Nicaraguense (JPN) organizou demonstrações exigindo que a avenida Roosevelt, em Manágua, passasse a se chamar avenida Sandino. Os estudantes nicaraguenses revolucionários, que se reuniram em Havana, voltaram para a Nicarágua, alguns em segredo, outros abertamente, e começaram a trabalhar com e nas novas organizações estudantis.

Ao longo desses anos, embora a agitação estudantil fosse a mais visível, notava-se discreta mobilização das forças armadas militantes, assim como algumas greves. Esse cenário se refletiu na primeira organização revolucionária não estudantil da nova era, fundada em 1961: o Movimento Nova Nicarágua (MNN). Além dos antigos líderes estudantis, como Carlos Fonseca, Silvia Mayorga e Tomás Borge, os fundadores do MNN incluíram alguns jovens trabalhadores e mais dois veteranos da guerra de Sandino contra os fuzileiros americanos.

A denominação Movimento Nova Nicarágua talvez se traduzisse em uma designação bastante pacifista para uma organização que defendia a ideia da luta armada no intuito de derrubar o regime de Somoza. Em menos de um ano, o nome foi mudado para Frente de Libertação Nacional (FLN) – inspirado no grupo armado que derrubara o colonialismo francês na Argélia. Foi sugestão de Carlos Fonseca adicionar "Sandinista" ao nome, a fim de identificar a nova organização com Sandino e sua guerra contra os *marines*. Mas só conseguiu convencer os demais em 1963.

A essa altura, já aumentara a necessidade de lutar pelo controle do movimento estudantil na Nicarágua. O presidente Luis Somoza decretou um segundo estado de sítio no final da década de 1960, visando primeiro a desestruturar a organização dos estudantes e a oposição dos intelectuais. No mesmo ano, foi fundada uma nova universidade particular católica em Manágua. Construída em uma área doada pela família Somoza e tendo como primeiro reitor o tio de Luis Somoza, a Universidade Centro-Americana (UCA) pretendia combater o crescente radicalismo da Universidade Nacional. A FLN/FSLN reagiu organizando seus partidários nas duas universidades em torno de um novo organismo estudantil revolucionário, a Frente Estudantil Revolucionária (FER), cujo congresso inaugural foi realizado em dezembro de 1962. Em 1963, a UCA já era um nicho tão ardorosamente dedicado ao radicalismo quanto a Universidade Nacional em León, com três membros da FSLN eleitos para postos-chave no movimento estudantil.

A declaração mais explícita do programa político da FSLN em meados de 1963 encontra-se em um manifesto da liderança estudantil dominada pela FER em Manágua, que se comprometia, entre outras coisas, a "lutar para resgatar as classes exploradas das garras da oligarquia e do capitalismo... defender a justa distribuição das riquezas, erradicar o analfabetismo, criar um novo sistema de educação... realizar uma reforma agrária integral, a reforma urbana, a nacionalização das empresas estrangeiras... lutar pela eliminação dos partidos tradicionais, principais responsáveis pela tragédia do povo nicaraguense... [e] repudiar o entreguismo aos Estados Unidos".

A organização "pai" da Frente Estudantil Revolucionária concentrava-se na articulação de uma guerra de guerrilhas, não na redação de manifestos. Para os jovens que se reuniram na FLN e depois adotaram o nome FSLN, a ação vinha em primeiro lugar, não a teoria. Como um de seus fundadores afirmou anos mais tarde: "Nunca houve uma reunião formal para fundar a Frente... nunca tivemos um congresso, uma convenção, uma assembleia para fundar o movimento. Simplesmente, não houve. Nunca. A FSLN foi criada no calor da luta". Essa descrição é muito mais precisa do que grande parte dos relatos sobre a revolução nicaraguense, que informam ter sido a FSLN fundada por três pessoas, em uma reunião especial, em Tegucigalpa, Honduras, em meados de 1961.

Ríos Coco e Bocay

A "ação" dos nicaraguenses esperava repetir a do Exército Rebelde em Sierra Maestra. Inspirados por suas próprias observações em Havana e treinados nos acampamentos militares em Cuba, tinham uma visão mecânica do que seria preciso para reproduzir a vitória cubana. O conceito dos grupos da guerra rural de guerrilhas era semelhante à "teoria do foco", popularizada pelo marxista francês Regis Debray, em sua influente obra *Revolução na revolução*. Os jovens rebeldes nicaraguenses chegaram a elaborar um cronograma de 25 meses para a derrubada de Somoza, baseado no tempo decorrido entre a aterrissagem do jornal *Gramma* e a fuga de Batista.

A primeira operação guerrilheira da FSLN revelou que os jovens rebeldes conheciam apenas superficialmente tanto a insurreição cubana quanto a natureza social e geográfica de seu próprio país. Escolheram uma área remota na floresta tropical ao norte, perto da fronteira com Honduras, onde a operação foi preparada, porém longe de qualquer parte da Nicarágua onde já haviam realizado algum trabalho político. Ao longo de 1962 e no início de 1963, infiltraram homens e armas em uma área próxima do ponto em que o rio Bocay deságua na parte mais alta do rio Coco, região habitada por índios sumo e miskito e também por campesinos mestiços espalhados pela área. Os cerca de sessenta futuros guerrilheiros não tinham apoio nem contato anterior com a área, e nenhum falava a língua das tribos locais. Apenas metade deles tinha armas, quase todas rifles de caça. A "guerra" de guerrilhas rapidamente chamou a atenção da Guarda Nacional, mas a maior parte da população nicaraguense ou não sabia o que ocorria, ou não se importava. Em agosto de 1963, cerca de um terço dos guerrilheiros fora isolado dos demais; tinham caído em emboscadas onde foram capturados e mortos. Com isso, a operação foi abandonada. Embora alguns dos mortos fossem líderes estudantis de destaque desde a escola secundária, não houve protestos quando a notícia de seu assassinato chegou às universidades e às cidades.

O fracasso da operação nos rios Bocay e Coco, em 1963, foi apenas em parte por causa do insuficiente preparo dos rebeldes. O estado de ânimo no país também mudara. Durante vários anos após a vitória cubana de 1959, uma revolução na Nicarágua parecia uma possibilidade real e quase mediata, pelo menos para uma parcela de universitários, intelectuais e um grupo reduzido de trabalhadores. O regime de Somoza tinha conseguido conter essa revolta por meio de atos de repressão, mas na verdade ele pretendia dar a impressão de uma abertura democrática. Em 1963, René Schick foi eleito presidente, com o apoio tanto de Luis Somoza como de seu irmão Anastasio, que permaneceu como chefe da Guarda Nacional. Schick não cometeria o mesmo erro que o outro presidente não somozista, eleito com o apoio de Somoza García no fim dos anos 1940 e rapidamente destituído assim que começou a mostrar ligeiros sinais de um pensamento independente. Mas Schick alegou claramente opor-se aos "excessos" do passado, libertou alguns presos políticos e permitiu a volta de alguns exilados.

Durante a administração de Schick, assim como de todos os três presidentes Somoza, a Nicarágua foi um cordato parceiro dos Estados Unidos na iniciativa norte-americana de conter ou abafar movimentos revolucionários na América Central e no Caribe. Em 1954, no governo Somoza García, as forças militares que haviam derrubado Jacobo Arbenz do poder na Guatemala reuniram-se para treinar na Nicarágua. Os aviões e os barcos dos Estados Unidos envolvidos na invasão da Baía dos Porcos em Cuba, em 1961, partiram da Nicarágua de Luis Somoza. Schick enviou tropas para ajudar as forças norte-americanas destinadas a abafar uma insurreição na República Dominicana, em 1965. Anastasio Somoza Debayle ajudou a controlar um golpe reformista em El Salvador, em 1972.

A ajuda militar e econômica dos norte-americanos à Nicarágua, na década de 1960, foi grande. A Aliança para o Progresso (uma parte da resposta do governo americano à Revolução Cubana) tinha expressiva representatividade na Nicarágua, e o auxílio dos Estados Unidos ajudou a melhorar a infraestrutura econômica e a expandir a burocracia estatal e o sistema educacional. Novos bairros de classe média e complexos comerciais espalharam-se por Manágua. As exportações cresceram. Durante a década de 1960, a Nicarágua teve o mais alto índice de crescimento da América Latina, e um dos maiores índices de crescimento agrícola do mundo. A produção de algodão aumentou nos anos 1950, e os preços tanto para o algodão como para o segundo produto da Nicarágua, o café, permaneceram altos, embora repentinas quedas nas cotações internacionais tivessem por duas vezes mergulhado o país em uma breve fase recessiva. A exportação de carne bovina nos anos 1960 obteve grande sucesso, e a Nicarágua também começou a exportar quantidades significativas de açúcar, frutos do mar, tabaco e banana. Um novo Mercado Comum da América Central foi o impulso para uma modesta expansão da industrialização. Todos os setores capitalistas nicaraguenses beneficiaram-se do sucesso da economia, não só o segmento diretamente ligado à família Somoza. Alguns trabalhadores urbanos beneficiaram-se da expansão do setor da construção civil e do aumento no número de empregos administrativos. Nessas condições, declinou o interesse pela alternativa revolucionária, pelo menos nas cidades. Para a maioria da população, porém, não houve lucro com o surto de crescimento, e as condições de vida no campo pioraram consideravelmente. No entanto, como a FSLN não contava com uma presença real em áreas rurais, não pôde se beneficiar desse potencial.

A FSLN captou brevemente a atenção nacional em meados de 1964, quando seu líder mais famoso, Carlos Fonseca, foi preso em Manágua e levado a julgamento. Essa fora a oitava e última vez que Fonseca havia sido preso na Nicarágua. Seu discurso de defesa foi impresso na íntegra pelo jornal da oposição *La Prensa*, e se tornou parte da literatura programática básica do movimento, com o manifesto que redigiu ainda na prisão, intitulado "Do cárcere, eu acuso a ditadura". Os estudantes ativistas reagiram rapidamente à notícia da sua prisão, organizando protestos e greves e instigando a atenção do público para o julgamento. Sua campanha provavelmente contribuiu para que Fonseca não fosse fisicamente maltratado na prisão e fosse solto ao término de sua sentença de seis meses. Os líderes sandinistas capturados no fim dos anos 1960 e na década de 1970 não tiveram a mesma sorte. Quando não eram mortos no cativeiro, certamente cumpririam longas sentenças nas mais terríveis condições.

Ao longo dos dois anos seguintes ao julgamento de 1964, a FSLN praticamente não existiu. Aos nicaraguenses politicamente ativos, parecera que os jovens sandinistas haviam desistido de sua revolução após a esmagadora derrota da guerrilha, e se encaminhavam para uma atuação política mais respeitável. Na realidade, isso não estava longe da verdade. Apesar de cerca de vinte membros da FSLN continuarem a se encontrar periodicamente em pequenas células secretas, os demais abandonaram suas atividades clandestinas para se ocupar de pequenas ou quase inexistentes atividades legais, em seu próprio nome. Os fundadores e líderes da FSLN mais conhecidos, como Silvio Mayorga, Tomás Borge e Carlos Reyna, atuavam como membros de uma coalizão legal e orientada para a reforma social, chamada Mobilização Republicana (MR), na qual a voz política mais forte era a do partido comunista.

Uma série de eventos em 1966 forçou os sandinistas a trilhar um caminho mais radical, e novamente a inspiração ideológica veio de Cuba. A FSLN enviou uma delegação à primeira Conferência Tricontinental em Havana, no início de 1966, em um esforço por parte da liderança cubana de reunir as forças revolucionárias de todo o continente americano para enfrentar as políticas eleitoreiras conservadoras de partidos comunistas ortodoxos, como o PSN. A famosa "Mensagem ao Tricontinental" de Che Guevara, clamando por "Dois, Três, Muitos Vietnãs", foi publicada pouco depois. O próprio Che estava secretamente a caminho da Bolívia, em 1966, para liderar uma operação conjunta das guerrilhas cubana e boliviana. Na Nicarágua, a fachada democrática do governo estava começando a desmoronar, mesmo antes de o presidente René Schick morrer vítima de um ataque cardíaco, em agosto de 1966. Anastasio Somoza, o homem forte, anunciou que seria candidato nas eleições presidenciais em 1967, e a Mobilização Republicana, assim como outros partidos pró-reforma e grupos de estudantes concentraram suas energias na eleição de um candidato conservador da oposição.

A FSLN já estava se movimentando em direção oposta ao MR. No fim de 1966, cinco líderes da FSLN assinaram um manifesto intitulado "Sandino sim, Somoza não. Revolução sim, farsa eleitoral não!", que rejeitava a orientação eleitoral do partido comunista e o MR, e compromettia novamente a organização com a luta armada.

Operação guerrilheira de Pancasán

Uma campanha renovada de guerrilhas, liderada por Carlos Fonseca, foi lançada em 1967, na Região Centro-Norte de Pancasán. Apesar de mais bem preparada que a de 1963, a FSLN conseguiu mobilizar pouco menos de cinquenta guerrilheiros. Antes de deflagrar sua operação militar, os líderes da FSLN passaram seis meses familiarizando-se com o terreno e fazendo contatos com os campesinos que pudessem fornecer-lhes alimento, informações e refúgio. A área que escolheram, o nordeste de Matagalpa, era menos remota e habitada por campesinos que falavam espanhol. Os próprios guerrilheiros estavam mais comprometidos, tinham mais homogeneidade política e alimentavam menos ilusões de uma vitória rápida. Ainda assim, a campanha de Pancasán terminou como a dos rios Coco e Bocay. Em agosto de 1967, exatamente quatro anos após a primeira derrota, uma das três colunas guerrilheiras foi varrida do mapa pela Guarda Nacional e as duas outras recuaram pela fronteira norte, entrando em Honduras. Mais de dez guerrilheiros foram mortos, incluindo o fundador da FSLN, Silvio Mayorga, e outros líderes.

A derrota em Pancasán teve desdobramentos diferentes das de 1963. Em vez de recuar, a FSLN abriu uma ofensiva política e militar, desencadeando uma série de atos violentos espetaculares nas cidades, como assaltos a bancos e promoveu execuções (que chamavam de "justiçamentos") dos odiados oficiais da Guarda Nacional. Tais ações destinavam-se não só a arrecadar dinheiro, mas também a provocar medo e admiração. Foi durante esse período que a FSLN passou a adquirir sua reputação – deliberadamente buscada – de um grupo disposto a arriscar tudo, inclusive a própria vida, para derrubar Somoza.

Tal cultura desafiadora custou caro. Mais membros da FSLN foram mortos nos justiçamentos e nos assaltos a bancos de 1968 e 1969 do que na derrota em Pancasán. Mas a organização estava começando a ser conhecida mais amplamente não só em virtude de suas ações violentas, mas também em razão de seus manifestos mimeografados, reproduzidos na clandestinidade e repassados de mão em mão. Essas declarações celebravam Sandino, Che e os mártires mais jovens criados em rápida sucessão; expressavam solidariedade para com os movimentos revolucionários internacionais e as lutas dos trabalhadores, campesinos e das mulheres nicaraguenses, em torno de questões de teor social e econômico. Os manifestos ainda desafiavam o papel do imperialismo americano na Nicarágua e no restante da América Latina.

A atividade legal da FSLN durante esse período esteve restrita às universidades e ao seu trabalho na FER. A tentativa de praticar a guerra de guerrilhas na região das montanhas fora deixada de lado naquele momento. A maior parte dos limitados recursos humanos e financeiros da organização era destinada ao desenvolvimento sigiloso da organização nas cidades. À medida que os anos 1960 iam chegando ao fim, o trabalho político da FSLN dedicava-se a proteger a vida e os direitos humanos da crescente porcentagem de seus integrantes que iam para a prisão.

Nesse contexto, produziu-se na Nicarágua uma cultura de prisão e clandestinidade, que passou a fazer parte da mística da FSLN. Os espaços físicos do movimento eram esconderijos e celas de prisão. Sua linguagem incluía comunicados em código e poemas de amor, contrabandeados para fora e para dentro da prisão. Seus principais valores eram o sigilo, a solidariedade e a bravura.

Um dos que mais contribuíram para esse quadro foi Julio Buitrago, o cabeça do movimento urbano clandestino. A trajetória de Buitrago revela o tipo de jovem que se envolveu na FSLN, no fim dos anos 1960. Nascido em uma família pobre de Manágua, começou a trabalhar ainda criança, vendendo refrigerantes e limpando a sala de um cinema, depois que saía da escola. Fez parte do levante estudantil do início da década de 1960, mas foi só em 1964 que se uniu à FSLN, depois de ajudar a liderar uma greve de alunos em protesto pela prisão de Carlos Fonseca. Viajou para a Guatemala, El Salvador e Cuba, recebendo treinamento militar e representando a FSLN nas reuniões com outros grupos revolucionários. Tinha apenas 21 anos quando foi nomeado chefe do movimento urbano clandestino, tornando-se com Carlos Fonseca o líder mais importante da

FSLN e o mais perseguido pela polícia de Somoza. Buitrago ficou famoso pela audácia com que atuava nos assaltos a bancos e por sua capacidade de resistir à tortura, quando foi preso e interrogado. Em julho de 1969, a Guarda Nacional descobriu seu esconderijo em um bairro operário de Manágua e enviou para lá tanques e helicópteros e mais de cem soldados. O cerco teve cobertura ao vivo pela televisão e por emissoras de rádio, e os repórteres foram informados de que a quantidade de munição usada pelos ocupantes da casa provava que havia dezenas de "terroristas comunistas" encurralados no local. Quando o tiroteio enfim cessou, havia apenas o corpo crivado de balas de Julio Buitrago.

Doris Tijerino, que também estava no aparelho mas escapou quando os primeiros ataques começaram, ilustra o outro lado da origem dos integrantes da FSLN. Tendo crescido em um lar de classe média na área cafeeira de Matagalpa, suas primeiras experiências políticas ocorreram no Partido Comunista da Nicarágua, que lhe concedeu uma bolsa para estudar na Universidade Patrice Lumumba, em Moscou. Ela tentou, em vão, recrutar Julio Buitrago para o Partido Socialista Nicaraguense, e depois saiu do PSN e seguiu Buitrago, tornando-se membro da FSLN. No fim de 1966, assinou o manifesto político da FSLN intitulado "Sandino sim, Somoza não!", na qualidade de membro do Diretório Nacional. Estava com 23 anos e provavelmente era uma das dez mulheres nas fileiras da FSLN, nessa época. Tijerino foi presa várias vezes e, como muitas outras prisioneiras, foi violentada pelos guardas. Uma foto sua de 1969, com uma legenda, publicada no jornal dirigido por Somoza, mostra o ódio especial devotado pelos regentes da Nicarágua a uma rebelde que consideravam traidora, tanto de sua classe social quanto de seu sexo. A legenda dizia: "Para manter em primeiro plano, perante o interesse público, a Frente Terrorista da Escravidão, a senhora Doris Tijerino Haslam, comunista fanática, não teve escrúpulos em oferecer sua intimidade feminina como elemento de escândalo em uma denúncia cuja falsidade se comprovou exaustivamente, como manda a lei".

O número de mulheres da FSLN aumentou durante a fase da clandestinidade do final dos anos 1960. Tinham entre si uma semelhança relativamente maior do que os homens sandinistas, recrutados entre os universitários oriundos de lares mais abastados. Mas Gladys Baez, que combateu na operação da guerrilha de 1967, e Luisa Amanda Espinosa, a primeira mulher sandinista morta pela Guarda Nacional, vinham de famílias operárias.

A posição das mulheres da FSLN não foi fácil nos primeiros anos. A tarefa de manter os aparelhos limpos, alimentar os fugitivos e cuidar deles, datilografar comunicados e manifestos quase sempre recaía sobre elas. Ao mesmo tempo, o fato de mulheres receberem armas e treinamento militar teve profundo impacto no modo pelo qual pensavam a seu próprio respeito e em como os companheiros as tratavam. Um colega combatente lembra, com admiração: "Recordo uma vez em que Luisa Amanda vinha até a montanha e foi detida por três guardas. Estava vestida de enfermeira. Eles a agarraram e um queria violentá-la. Levaram-na para o rio e, no princípio, ela deixou que ele pensasse que poderia ter o que queria. Assim que chegaram à margem do rio, ela o matou. Essa é a integridade das mulheres nicaraguenses". Outro sandinista, também homem, descreveu como duas moças entraram para o movimento urbano clandestino e imediatamente começaram o treinamento armado. "Ao terminar, já tarde, apesar de toda a exaustão do dia (para nós, elas pareciam frescas como lírios), mostraram-se empolgadas e satisfeitas, e até desejosas, disseram alguns, de encarar pela frente o primeiro animal da segurança para fazer dele um selo plantado no chão, no meio da rua." Muitos heróis da guerra revolucionária contra Somoza foram, na realidade, heroínas, incluindo Dora Maria Tellez, a "comandante dois", do ataque ao Palácio Nacional, e comandante da Frente Ocidental do exército guerrilheiro; e Nora Astorga, que seduziu um odiado torturador da Guarda Nacional, conduzindo-o a uma armadilha mortal.

Uma variedade de convenções e pressões contraditórias afetava as relações entre homens e mulheres da ação clandestina. A cultura burguesa da Nicarágua revelava profunda influência dos valores patriarcais em termos da família e das relações sociais. A regra era que o chefe do lar, um homem, sustentasse sua família e dependentes, enquanto sua esposa permanecia em casa, criando os filhos e cuidando deles. Esse ideal era um mito. Na realidade, muitos lares da classe operária e de campesinos eram liderados por mulheres solteiras e, nessas famílias, tanto os meninos quanto as meninas trabalhavam desde tenra idade. Nos lares abastados, o trabalho de cuidar da casa e das crianças era quase sempre executado por empregadas, não pela mãe/esposa que permanecia em casa. Mas os preconceitos contra o papel adequado da mulher na sociedade afetavam todas as camadas sociais e tinham considerável impacto sobre os rapazes e as moças que rompiam com as convenções sociais ao se filiarem à luta armada.

A FSLN clandestina também tinha suas convenções particulares sobre o papel das mulheres, algumas relacionadas a medidas de segurança. As que ficavam nos aparelhos deviam usar calças compridas, não saias, e dormir de botas, para poder escapar prontamente, se necessário. As regras da clandestinidade exigiam que as militantes cortassem os laços com pais e filhos e com maridos e amantes que não pertencessem às fileiras da FSLN, embora os líderes da organização às vezes desobedecessem a tais regras. Prevalecia um código puritano de comportamento, dirigido basicamente contra os homens sandinistas do tipo conquistadores, mas que também poderia ser árduo para as mulheres engajadas. Quando um homem e uma mulher, ambos membros da FSLN, queriam viver juntos, exigia-se que pedissem autorização de seu superior na organização.

Estratégia revolucionária

O final da década de 1960 foi marcado por intensa discussão interna na FSLN, assim como por atos perigosos e lentidão no recrutamento. O ano de 1967 tinha assistido a uma série de fracassos, não só na Nicarágua. Os líderes das guerrilhas na Guatemala e no Peru foram presos ou mortos. Em outubro,

Che Guevara fora capturado e morto na Bolívia e sua coluna de guerrilheiros, destruída. De acordo com o líder da FSLN Jacinto Suárez, "em meio a tudo isso, a toda essa situação, começa-se a discutir no seio da Frente Sandinista quem somos: um partido, um grupo armado, um foco? O que somos? Começa-se a questionar a famosa teoria do foco e começa-se a tratar de definições. Bem, o que é a Frente Sandinista, quem somos, para onde vamos, o que queremos?".

O resultado dessa discussão foi a reafirmação do exemplo de Cuba e o compromisso com a luta armada. Como Julio Buitrago prometera, em um programa de rádio realizado em 1968, em Havana, "depois de Cuba, a Nicarágua será o primeiro país da América Latina a ser libertado". Poucas pessoas, nessa época, conseguiram acreditar que isso se tornaria realidade.

Dois importantes escritos políticos de 1968, um que circulou somente entre os membros da FSLN e outro destinado a um círculo mais amplo, mostram os resultados dessa discussão sobre estratégia. Ambos foram escritos por Carlos Fonseca enquanto esteve na clandestinidade na Nicarágua, copiados e distribuídos à mão, e divulgados clandestinamente entre membros e contatos da FSLN. Em sua *Mensagem aos estudantes revolucionários*, Fonseca convocou todos os estudantes que se consideravam revolucionários para romper com os "demagogos" social-cristãos e com os "falsos marxistas" do Partido Comunista, e dar apoio à luta armada nas montanhas e nas cidades. Embora estudantes guerrilheiros estivessem morrendo nas montanhas, segundo ele acusava, "no fundo, os estudantes revolucionários que permaneceram nas aulas cruzaram os braços". O problema não foi uma apatia estudantil generalizada. Fonseca insistia em que a maioria dos estudantes queria entrar em ação, quando o líder Silvio Mayorga foi morto, e só estava esperando o chamado quando Che Guevara foi assassinado. O problema foi a falta de liderança por parte dos estudantes revolucionários, que Fonseca acusou de "indisciplinada" e de serem influenciadas pela "penetração capitalista das universidades".

Em 1968, a *Mensagem* enfatizava que os estudantes tinham uma responsabilidade especial em um país como a Nicarágua, em que apenas uma minoria privilegiada recebia educação de nível superior ou até mesmo secundária. Eles deveriam ser os "porta-bandeiras das massas" e se infiltrar nas "fábricas e bairros, nas aldeias rurais e plantações". Em vez de uma falsa autonomia que dava ao governo mil maneiras de intervir, dizia Fonseca, a universidade precisava estar ligada aos interesses dos trabalhadores e dos campesinos. "A universidade sustenta-se com o suor do povo trabalhador. A cultura advém do trabalho milenar do povo."

Parte da responsabilidade dos estudantes perante as massas era apresentar uma alternativa política clara, um programa "revolucionário inequivocamente radical". De acordo com Fonseca, a história "ensina que não pode haver paz entre ricos e pobres, entre milionários e trabalhadores. A experiência histórica ensina que não pode haver outras situações além destas: ou os ricos exploram os pobres, ou os pobres se libertam, eliminando os privilégios dos milionários".

No memorando interno "Militância Ativa", Fonseca convocava os militantes a se familiarizarem com as condições concretas de vida dos bairros da classe operária, evitando "a posição incorreta de conclamar somente o povo a lutar para dar fim à exploração e à opressão em geral". Em linguagem que lembrava a de Che Guevara, condenava "os que falam de revolução e, na prática, não defendem com ações o povo e a pátria".

Embora a FSLN estivesse começando a se tornar presença conhecida em 1968 e 1969, atuando como polo de atração para universitários radicais, também estava perdendo líderes experientes nas mãos da repressão policial. Tanto a *Mensagem aos estudantes revolucionários* como a circular sobre "Militância Ativa" buscavam esclarecer as políticas da FSLN e melhorar seu nível de organização, para poder se expandir e engajar novos quadros, em especial entre os trabalhadores. Fonseca convocava a "organização em todos os setores: os trabalhadores da construção civil, da indústria têxtil, moveleira, sapateiros, condutores, mecânicos, balconistas e vendedores, operários de fábricas, estivadores e trabalhadores portuários, além dos estudantes de todos os níveis, os campesinos pobres, lavradores etc. O objetivo deve ser o de, em cada bairro, local de trabalho e setor produtivo, haver um esquadrão ativo da FSLN".

Esses eram objetivos um tanto ambiciosos para uma organização cuja força foi provavelmente retratada com exatidão em manchete de 1969, impressa no semanário da oposição *Extra Semanal*: "28 mortos, 16 encarcerados e 12 clandestinos: saldo da FSLN".

3. Evolução de um Programa e de uma Estratégia

A incerteza e o perigo da vida clandestina dificultavam cada vez mais a reunião dos líderes da FSLN no solo da Nicarágua, para discutir os problemas encontrados pela organização, no final dos anos 1960. Quase dez anos depois de a revolução cubana ter inspirado a formação da FSLN, os rebeldes sandinistas ainda não tinham um programa escrito, ou uma análise em comum da sociedade e da história da Nicarágua, nem mesmo uma lista de tarefas e objetivos para aplicar no recrutamento e no treinamento de novos membros. Tudo o que tinham se resumia a escritos e discursos periódicos de Carlos Fonseca, como sua "Declaração", durante o julgamento em 1964, e a *Mensagem aos estudantes revolucionários*, de 1968, que nunca fora discutida nem votada pelos demais líderes ou membros da FSLN. A FSLN nasceu no calor da ação, e a qualificação mais importante para integrar suas fileiras era a disposição de participar da luta armada contra a ditadura. Seus líderes, portanto, especialmente Carlos Fonseca, haviam se dado conta da importância de uma teoria revolucionária.

Fonseca, que permanecera na clandestinidade na Nicarágua desde o final de 1966, deixou o país e foi para a Costa Rica no início de 1969, a fim de esboçar um programa que pudesse ser analisado e votado pela organização. Primeiro, escreveu um longo ensaio intitulado *Hora Cero* (Hora Zero), em que argumentava que a Nicarágua havia sido reduzida a uma "neocolônia" do imperialismo norte-americano, após três décadas de regime sob o comando de uma "claque reacionária" que, aliada ao "setor dos capitalistas que se chamam 'oposicionistas'", havia imposto ao país um sistema econômico deformado e retrógrado que explorava e vitimizava os trabalhadores e campesinos.

Fonseca explicava por que os outros grupos da oposição eram incapazes de dar apoio ao tipo de transformação social e política necessário na Nicarágua, uma revolução que só a FSLN poderia liderar. Ele admitia, porém, que alguns membros haviam perdido o ânimo após a derrota de Pancasán e estava na hora de recrutar e orientar uma nova geração de militantes.

Em poucos meses, Fonseca tinha apresentado um conjunto de exigências e promessas que, originalmente, fora chamado de "Programa Sandinista", mas que, desde o final dos anos 1970, era universalmente conhecido como "Programa Histórico". Era a plataforma da insurreição de 1979 e do novo governo revolucionário que chegara ao poder em julho de 1979. Um primeiro rascunho fora contrabandeado para os líderes da FSLN presos ou na clandestinidade na Nicarágua, e as sugestões destes foram sigilosamente levadas até a Costa Rica. No início de junho de 1969, Julio Buitrago recebeu um segundo rascunho em seu aparelho em Manágua, como uma carta em código. No final de julho ou início de agosto, a maioria dos líderes e boa parte dos integrantes da FSLN reuniu-se na Costa Rica e aprovou o "Programa", além de um novo Estatuto para a organização.

O "Programa Histórico" convocava o povo da Nicarágua para uma mobilização geral, em torno das treze tarefas básicas da revolução. O ponto fundamental do documento já era evidenciado em seus dois primeiros parágrafos, em que se exigia a derrubada da ditadura e uma reforma agrária radical. Prometia-se em seguida o estabelecimento de um governo revolucionário que garantiria os direitos democráticos básicos, expropriaria a propriedade da família Somoza e seus cúmplices, e nacionalizaria os bancos, o comércio exterior e os recursos naturais em mãos de estrangeiros. Essas posições eram reforçadas por outras que incluíam pôr fim à interferência "ianque" nos assuntos internos da Nicarágua, e comprometiam-se em extinguir a Guarda Nacional e substituí-la por um "exército do povo, patriótico e revolucionário", além de uma milícia popular. Depois disso, pedia-se a implantação imediata de uma reforma agrária em ampla escala, incluindo maciça redistribuição de terras entre aqueles que nela trabalhavam. Os pontos seguintes esboçavam programas sociais e econômicos centrados nas necessidades da maioria empobrecida. Conclamavam uma revolução na cultura, na educação, na legislação trabalhista e na seguridade social; e uma campanha destinada a erradicar a corrupção da administração pública, dando um fim ao histórico isolamento da região da costa do Atlântico e à "odiosa discriminação" vivida pelos índios e negros; também conclamavam para a emancipação das mulheres, ao respeito pelas crenças religiosas, a unidade do povo centro-americano, a solidariedade para com todas as lutas anti-imperialistas disseminadas pelo mundo todo e a veneração pelos mártires sandinistas. Eram exigências amplamente democráticas e nacionalistas, com um forte viés em favor das necessidades dos trabalhadores e campesinos e uma intransigente atitude de oposição a todo o aparato somozista.

Anos de exílio

Em agosto de 1969, com a implantação do novo programa, os delegados estavam ansiosos para voltar à Nicarágua. O assassinato de Julio Buitrago em 1969 representara um duro golpe para o movimento no país, e o movimento urbano clandestino tinha de ser reorganizado. Carlos Fonseca deixara o país no início de 1969, esperando ficar ausente por poucos meses, antes de regressar para liderar uma nova guerrilha nas montanhas. Em vez disso, permaneceria quase sete anos fora da Nicarágua. No final de agosto de 1969, a polícia da Costa Rica, no encalço de outra pessoa, descobriu e prendeu Carlos Fonseca. Ele tentou fugir da prisão alguns meses depois, quando sua esposa, Maria Haydée Terán, conseguiu entrar com uma pistola sob a saia durante uma visita íntima. Entretanto, sua tentativa fracassada de fuga só provocou o prolongamento de sua sentença e a prisão de vários outros simpatizantes. Em novembro de 1970, um comando da FSLN com duas mulheres e dois homens sequestrou um avião e fez dois executivos americanos reféns, os quais foram trocados por Fonseca e dois outros sandinistas presos na Costa Rica.

Fonseca passou os cinco anos seguintes no exílio, em Havana. A exemplo do que ocorrera no início dos anos 1960, o centro nervoso do movimento revolucionário nicaraguense passou por Havana entre 1971 e 1975. Os líderes e os seguidores ficaram por lá durante longo tempo, ou após um período de treinamento militar na Coreia do Norte ou no Oriente Médio, ou depois de terem estudado no Chile ou no leste europeu, ou ainda após terem sido libertados da prisão na Nicarágua. Chegavam em Havana com notícias sobre o trabalho militar ou político na Nicarágua, e para se preparar para futuras campanhas. O Diretório Nacional reunia-se em Havana, e sempre que possível contava com o comparecimento de integrantes que estavam na clandestinidade na Nicarágua.

Uma das prioridades de Carlos Fonseca era extrair lições da luta de Sandino para transmitir à nova geração de rebeldes. Embora a FSLN tivesse adotado Sandino como símbolo havia quase uma década, as condições da guerra de guerrilha e o movimento urbano clandestino dificultaram o estudo da História. Contudo, durante seus anos no exílio, e com a ajuda de outros líderes da FSLN, Fonseca pôde escrever cinco textos importantes sobre Sandino; o principal deles, *Viva Sandino*, ficou pronto em 1975.

Os textos históricos acentuavam a importância da ação, ressaltando os feitos de Sandino mais do que suas teorias (que eram bastante ecléticas). Nesses trabalhos, Fonseca voltava à imagem de Sandino como caminho a ser seguido pelos revolucionários nicaraguenses, mas, dessa vez, segundo um novo prisma: o próprio Sandino tinha começado por ele, mas não fora capaz de completar a jornada, já que as condições em 1930 impediram a transformação social e econômica necessária. Cabia agora à FSLN terminar o que Sandino tinha iniciado, diante de uma nova situação mundial, marcada pela vitória da revolução cubana.

Na visão de Fonseca, não havia conflito entre o nacionalismo de Sandino e o marxismo de seu outro herói, Che Guevara. *Viva Sandino* começava e acabava com a revolução cubana. O ensaio iniciava-se com referências à Conferência Tricontinental de Havana de 1966, aos discursos de Che Guevara e Fidel Castro, que "delineavam a linha de marcha para todos os combatentes que defendem o território da América Latina", e encerrava com o impacto da revolução cubana sobre o "espírito nicaraguense rebelde", e com a FSLN abraçando "o marxismo de Lenin, Fidel, Che, Ho Chi Minh".

A visão nacionalista da FSLN inspirada em Sandino era a de que a Nicarágua nascera e se definira pela luta contra o colonialismo espanhol e o imperialismo norte-americano, passando pelos índios rebelados e os escravos fugidos, e culminando com Sandino e a Frente Sandinista. Somente aqueles que, como Sandino, haviam combatido a opressão e a dominação estrangeira, não os latifundiários e políticos que colaboraram com a Espanha e depois com os Estados Unidos, poderiam realmente dizer que eram nicaraguenses. Os guardiães da cultura nicaraguense não eram os brancos ricos, copiando a última moda em Miami, mas a classe trabalhadora e os campesinos descendentes dos índios.

Diferenças táticas

As discussões em Havana e a colaboração cubana levaram a um acordo quanto aos principais temas dos escritos de Sandino e, de modo geral, à aceitação da análise de Fonseca sobre a sociedade nicaraguense e o papel da FSLN. Sub-repticiamente ao consenso geral, porém, havia diferenças crescentes quanto às táticas e estratégias. Essas diferenças logo levaram à formação de três subgrupos separados dentro da FSLN: a Guerra Popular Prolongada (GPP); a Tendência Proletária (TP); e a Tendência Insurrecional (TI) – os terceiristas. Essa divisão durou até a véspera da revolução de 1979.

Muitas das razões para as divisões na FSLN eram fenômenos continentais ou globais, causadores de rupturas semelhantes em organizações esquerdistas por toda a América Latina: o desespero pelas derrotas das guerrilhas desde o final dos anos 1960, a separação sino-soviética e o aumento da influência soviética em Cuba, as diferentes interpretações da vitória de Allende no Chile e sua derrubada do poder, a questão das lealdades pessoais e das "panelinhas", as contradições e a vida no exílio. A FSLN não foi destruída pelos conflitos internos, como aconteceu com outras organizações. Apesar de todos os retardos, confusões e mortes desnecessárias além do que as divisões internas causaram, as diferenças políticas nunca foram realmente resolvidas, nem mesmo após a revolução.

A tendência Guerra Popular Prolongada (GPP) era a única a contar com uma liderança própria na Nicarágua. Após as discussões de 1969, seus componentes com Carlos Fonseca achavam que era importante lançar mão de novo da guerra de guerrilhas no campo, e em 1971 o núcleo de uma facção guerrilheira, comandada por Henry Ruiz, penetrou pela região montanhosa ao norte do país. Como estava indicado pelo nome de sua facção, essa tendência estava preparada para um longo período de recrutamentos e aperfeiçoamento de sua experiência militar no campo, até os guerrilheiros estarem fortes para avançar rumo às cidades. Também realizaram um trabalho político com os estudantes e intelectuais e foram a influência dominante na Frente Estudantil Revolucionária ao longo de toda a década de 1970. A GPP tinha como líder Ricardo Morales Avilés, um professor de matemática. Lutava para manter uma presença legal nas áreas urbanas (apesar de suas repetidas prisões), além de ajudar a fazer os contatos entre a FSLN e os grupos de estudantes cristãos radicais que começavam a se formar no início da década de 1970.

A Tendência Proletária, sob a liderança de Jaime Wheelock, rejeitava a estratégia das guerrilhas rurais. Wheelock tinha vivido no Chile durante os anos de presidência de Allende e era simpático ao Movimento pela Esquerda Revolucionária no Chile (MIR). Os proletários enfatizavam a organização política legalizada dos trabalhadores rurais e urbanos e, como a GPP, eram ativos no movimento estudantil.

A Tendência Insurrecional, liderada por Humberto Ortega, era a terceira e última facção a se declarar um grupo formalizado, seus proponentes, portanto, eram chamados de "terceiristas". (Embora essas tendências não fossem publicamente conhecidas antes de 1975, todas se apresentaram como tais nos debates políticos no Diretório Nacional, em Havana, entre 1971 e 1973.) Os terceiristas enfatizavam as ações militares especialmente no campo, mas também contra alvos selecionados nas cidades. Eram os mais favoráveis a alianças com as forças burguesas da oposição. Como Carlos Fonseca opunha-se às alianças estratégicas de longo prazo que poderiam terminar cedendo a liderança política aos partidos burgueses tradicionais, tais alianças só se firmaram após sua morte.

Enquanto a liderança nacional da FSLN, instalada em Havana, pesquisava Sandino e debatia suas diferenças táticas, começaram a surgir novas oportunidades para seu pequeno e perseguido movimento na Nicarágua. Uma boa parte dessa atividade era dirigida para a defesa dos direitos dos presos políticos e para a obtenção de sua liberdade. Os parentes, em especial as mães, de membros da FSLN presos trabalhavam com os estudantes sandinistas para organizar greves de fome e ocupações de prédios. Uma campanha de 1971, conhecida como o "movimento das igrejas", porque envolveu ocupações de catedrais pelos estudantes, obteve permissão para que as autoridades universitárias visitassem os presos da FSLN e tivessem garantias de que continuavam vivos. Inspirados pelas ideias da Teologia da Libertação e moralmente indignados pela desigualdade e pobreza que viam à sua volta, os jovens – muitos de famílias de classe média – começaram a organizar Comunidades Cristãs de Base. Alguns desses jovens católicos estavam abertos a soluções mais radicais do que as que viam nos partidos conservador e social-cristão, e então se encaminharam para a FSLN.

No início dos anos 1970, as divisões de classe tinham-se tornado mais acentuadas e mais evidentes na Nicarágua. A única redistribuição de renda que resultara de três décadas de prosperidade e de um dos mais altos níveis de ajuda norte-americana *per capita* havia sido direcionada para a classe alta e caído nas mãos dos ricos. Metade da população da Nicarágua não sabia ler nem escrever. No campo, 75% do povo era analfabeto e, no caso das mulheres campesinas pobres, esse índice chegava perto de 100%. A Nicarágua tinha a mais baixa expectativa de vida da América Central (53 anos) e o segundo maior índice de mortalidade infantil. Cerca de metade dos lares não tinha água encanada nem eletricidade. Na zona rural, 80% das casas não tinham nem uma coisa nem outra. Ao longo dos anos 1960 e 1970, a Nicarágua tinha um dos mais elevados índices de natalidade da América Latina. Com a crescente concentração de terras nas mãos de poucos latifundiários e a falta de novos empregos para enfrentar o crescimento da população, dezenas de milhares de indivíduos migraram para áreas urbanas, especialmente para Manágua, onde viviam em condições precárias, nos bairros da região leste e em favelas de casas de papelão e ruas de barro.

O terremoto de 1972

As oportunidades para as organizações antissomozistas cresceram significativamente após um terrível terremoto que devastou Manágua em dezembro de 1972, matando dez mil pessoas e arrasando o centro da cidade. Enquanto pessoas de outros países corriam em socorro das vítimas oferecendo ajuda humanitária, Somoza engendrava novos meios de enriquecer. Centenas de milhares de cubanos doaram sangue em resposta a uma campanha de âmbito internacional de socorro à Nicarágua, mas ao que se assistiu foi a venda das doações a importadores norte-americanos pelo recém-empossado diretor do Banco de Sangue Nicaraguense, filho do presidente Somoza. A ajuda internacional para a reconstrução de Manágua foi entregue a empresas de propriedade de Somoza, ou simplesmente roubada. A capital nunca foi reconstruída.

Altos índices de inflação e desemprego produziram indignação entre os trabalhadores que, liderados pelos operários da construção civil de Manágua, percebiam claramente que a ajuda para a "reconstrução" não estava chegando aos projetos de construção. Os jovens líderes da FSLN organizaram uma greve de solidariedade de um mês, envolvendo os operários da construção civil, dando-lhes mais apoio do que o que recebiam de seu sindicato dirigido por comunistas; ofereciam aos sandinistas sua experiência mais concreta, ou seja, o que era um movimento de trabalhadores. Os ativistas das Comunidades Cristãs de Base organizaram-se para levar ajuda às famílias devastadas pelo terremoto e muitas vezes depararam com os estudantes esquerdistas membros ou contatos da FSLN.

Nessas circunstâncias, até as instituições que anteriormente apoiavam Somoza, como a hierarquia da Igreja Católica, começaram a criticar o regime. Alguns segmentos da burguesia, a quem fora negada sua "justa" parcela da ajuda externa, manifestaram sua propaganda antissomozista. Em 1974, depois da reeleição de Anastasio Somoza para presidente, os políticos da oposição formaram uma nova coalizão para desafiar o candidato do presidente nas eleições seguintes – marcadas para 1981.

Durante esse período, e em especial nos anos subsequentes ao terremoto, a FSLN desenvolveu um relacionamento estreito com os movimentos católicos baseado nas ideias da Teologia da Libertação. Luis Carrión, que vinha de uma das mais abastadas famílias da Nicarágua, foi um dos mais importantes organizadores do movimento estudantil cristão. O jovem Carrión frequentara a escola secundária em uma instituição privada nos Estados Unidos e, em 1970, participou de demonstrações contrárias à Guerra do Vietnã. Após seu regresso à Nicarágua, começou a colaborar com a FSLN. Por volta de 1974, ele ainda acreditava que a luta mais eficaz em prol das mudanças sociais ocorreria se permanecesse fora da FSLN, ajudando a liderar um movimento cristão aliado, mas paralelo. Carrión descreveu seu processo de se tornar mais marxista e menos religioso como uma aquisição gradual de consciência. Tornou-se líder da insurreição em Manágua e foi membro do Diretório Nacional durante os anos 1980.

Outra líder da FSLN, recrutada no movimento estudantil cristão, foi Mónica Baltodano, que se tornou figura central no movimento urbano clandestino e foi uma das três mulheres a atingir o posto de Comandante Guerrilheira após a revolução. Seu primeiro contato foi feito por Ricardo Morales Avilés e, em janeiro de 1973, logo após o terremoto, seu grupo de estudantes católicos ativistas integrou as fileiras da FSLN. Durante algum tempo, continuaram frequentando a missa e desempenhando os mesmos papéis tradicionais no movimento cristão, seguindo instruções da FSLN. A FSLN era ilegal, Baltodano explicou mais tarde, "mas podíamos ir aos bairros, falar de política e ainda contar com a proteção do cristianismo". Baltodano manteve sua fé por mais algum tempo mas, assim como Luis Carrión e muitos outros jovens ativistas vindos do movimento estudantil cristão para integrar as fileiras da FSLN, terminou abandonando suas crenças religiosas.

Um ponto importante de contato entre a revolução sandinista e a Teologia da Libertação foi estabelecido pelos padres que se tornaram, um a um, colaboradores e, em alguns casos, membros e líderes da FSLN. O padre Uriel Molina, pároco dos bairros operários cada vez mais extensos do setor leste de Manágua, forneceu abrigo para os rebeldes clandestinos e rezou para que não houvesse conflitos entre o cristianismo e a revolução armada. Dois irmãos da proeminente família Cardenal, Fernando e Ernesto, ajudaram a defender e construir a FSLN, tanto antes como após a vitória de 1979. Fernando Cardenal, padre jesuíta, servia em um bairro pobre de Medelín, na Colômbia, no período após a conferência de 1968, que lançou a Teologia da Libertação na América Latina. Ele retornou à Nicarágua no início dos anos 1970 e tornou-se vice-presidente da Universidade Centro-Americana. Destituído do cargo por ter apoiado uma greve de estudantes, continuou lecionando na Universidade de Manágua, pregando abertamente suas ideias revolucionárias para os estudantes. Após a vitória, Fernando Cardenal tornou-se o diretor nacional da campanha de alfabetização de 1980 e, a partir daí, um adorado líder da Juventude Sandinista, organização constituída por jovens com trinta ou quarenta anos a menos do que ele.

Ernesto Cardenal, padre e poeta, fundou uma comunidade religiosa e artística no final dos anos 1960 em Solentiname, um grupo de pequenas ilhas na Região Sul da Nicarágua, perto da cidade de Granada. As pinturas primitivistas dos campesinos de Solentiname tornaram-se famosas no mundo todo. Em 1977, após alguns jovens da paróquia de Cardenal terem-se envolvido nas atividades guerrilheiras da FSLN, a Guarda destruiu completamente a comunidade, queimando sua biblioteca, os ateliês de pintura, museu e casas. Ernesto Cardenal representou a FSLN no cenário internacional durante 1978 e início de 1979, na qualidade de membro do grupo de intelectuais e empresários sandinistas conhecido como "Los Doce" (Os Doze). Foi o primeiro ministro da Cultura do novo governo revolucionário, e se manteve nesse cargo durante a maior parte dos anos 1980.

Rompendo o silêncio

Dois anos após o desastre de 1972, um "terremoto" de outra natureza abalou a situação em Manágua. Em 27 de dezembro de 1974, um comando com quinze guerrilheiros da FSLN, incluindo três mulheres, invadiu uma festa na casa de um rico empresário somozista e ex-ministro da Agricultura, José María "Chema" Castillo. Entre os reféns estavam o cunhado do presidente e o ministro da Defesa; os agressores esperaram deliberadamente até que o embaixador dos Estados Unidos saísse, para não envolver aquele país diretamente. Nas negociações, lideradas pelo arcebispo Manuel Obando y Bravo, Somoza concordou com a maioria das exigências da FSLN: liberdade para mais de uma dúzia de prisioneiros sandinistas, alguns já estavam no cárcere havia sete anos; o pagamento do resgate no valor de um milhão de dólares, a transmissão de dois manifestos por rádio e televisão e passagens seguras para Cuba para os que haviam participado da invasão e libertado os prisioneiros.

A FSLN batizou o ataque bem-sucedido de dezembro de 1974 de "Rompendo o Silêncio", já que assinalou o reaparecimento público e dramático do movimento, após vários anos de relativo anonimato. O grupo guerrilheiro das montanhas executou vários ataques bem-sucedidos à Guarda Nacional na esteira da invasão de 27 de dezembro, "rompendo o silêncio" lá também, após três anos em que só ocasionalmente tinha confrontado a Guarda.

Tal como aconteceu no terremoto de 1972, a resposta de Somoza ao ataque de 1974, e não o próprio acontecimento, gerou um novo ambiente político. O governo declarou imediatamente estado de sítio, e deflagrou uma onda repressora que resultou em cerca de três mil mortes. Os primeiros alvos foram os estudantes e os trabalhadores radicais e os ativistas católicos nas cidades, mas a maioria das vítimas eram campesinos suspeitos de ajudar os guerrilheiros. Brotaram novas organizações de protesto ligadas à FSLN. As mulheres sandinistas formaram um grupo chamado "Associação das Mulheres Enfrentando o Problema Nacional"; todos sabiam que o "problema nacional" era Somoza. A organização das mulheres realizou manifestações contra a violação dos direitos humanos, priorizando declaradamente o abuso das mulheres do campo pelos homens da Guarda, e das prisioneiras nas celas de Somoza. Os ativistas cristãos da Tendência Proletária desempenharam um papel predominante na formação de uma nova e dinâmica organização do trabalho rural, a "Associação dos Trabalhadores Rurais".

Nem Somoza García nem seus filhos tinham governado exclusivamente à base da violência. Na maior parte do tempo, conseguiram convencer parcelas significativas da população de que tinham o direito de governar, recorrendo a uma combinação de partilha do poder com outros setores, uma política econômica que beneficiava a burguesia como um todo, um apelo populista para os trabalhadores. A repressão de 1975 e 1976 enfraqueceu seriamente a ideia de que Somoza teria o direito moral de governar a Nicarágua, ou de que poderia continuar a fazê-lo com alguma estabilidade. A crise foi relativamente aliviada por uma recuperação econômica, nesse mesmo período, produzida pela elevação nos preços das exportações da Nicarágua no mercado internacional.

Embora o ataque de dezembro de 1974 tivesse lançado a FSLN no centro da política nicaraguense, pelo menos por algum tempo ele não havia sido endossado por todos os membros da organização. A Tendência Proletária criticou o "voluntarismo" das outras duas tendências, cujos quadros tinham executado o ataque, considerando que a ação só havia dado ao regime de Somoza a desculpa perfeita para incrementar ainda mais a repressão. As divisões internas mais acentuadas, embora ainda restritas aos líderes e desconhecidas da maioria dos jovens atraídos para a FSLN, começavam a ameaçar a capacidade funcional da organização. Em 1975, quando os líderes centrais dos proletários foram expulsos, por iniciativa de Tomás Borge da tendência da Guerra Popular Prolongada, a FSLN perdeu o cabeça do movimento clandestino de Manágua, Roberto Huembes e Luis Carrión, um dos mais eficientes arregimentadores de jovens e estudantes. Os proletários expulsos continuaram envolvidos na luta e tentaram construir a FSLN, assim como sua própria tendência, mas não foram capazes de funcionar como parte de uma liderança coordenada até 1979, quando as tendências se reunificaram.

Retorno de Carlos Fonseca

Em algum momento de 1975, e contrariando os conselhos de alguns líderes ainda no país, Carlos Fonseca decidiu voltar à Nicarágua. Seu objetivo era tentar unir as três tendências em torno de uma operação guerrilheira renovada que ele lideraria.

Uma das lições que Fonseca tirou de seu estudo da revolução cubana foi a importância de uma liderança guerrilheira unida, instalada nas montanhas e com apoio nas cidades, capaz de desafiar militarmente o exército da ditadura. Mas seu ideal da guerra rural de guerrilhas não era exatamente o mesmo que animava as tendências Guerra Popular Prolongada e a Insurrecional que, em 1975, mantinham grupos guerrilheiros separados mas colaboradores, nas montanhas ao norte. Fonseca propunha estender a guerra de guerrilhas, das montanhas distantes, para atingir as "áreas rurais de certas localidades urbanas", e dizia que o foco excessivo nas montanhas deixava de lado as áreas em que justamente vivia a maioria dos nicaraguenses. Já em 1973, ele criticara seriamente as guerrilhas da GPP por se enterrar na mata e esperar até estar fortalecidas para se apoderar da Guarda Nacional. Em 1975, Fonseca sugeriu que se convidassem jornalistas ou personalidades de destaque para entrevistar os guerrilheiros em seu quartel-general nas montanhas, como os cubanos fizeram em Sierra Maestra, com as equipes de filmagem da CBS e o repórter do *New York Times*, Herbert Matthews: "Também podemos considerar a possibilidade de realizar algumas reuniões nacionais de tipo político, econômico, cultural e associativo, que não é de nosso interesse ocultar mas, sim, dar a conhecer a toda a opinião pública".

Os terceiristas não hesitavam em tomar uma iniciativa militar, na realidade alguns ataques audaciosos logo se tornariam sua marca registrada. Fonseca criticava-os por dependerem tanto dos ataques militares sem a realização do necessário trabalho político que garantiria que as ações seriam compreendidas e apoiadas por camadas mais amplas da população. Como já alertara em 1972, "trata-se de evitar que a guerra revolucionária se converta na ação de um número ínfimo de indivíduos totalmente desvinculados do povo".

Quando Carlos Fonseca entrou nas montanhas no início de 1976, era grave a situação dos guerrilheiros da FSLN. De acordo com o líder da unidade a que Fonseca aderiu, "tudo o que podíamos fazer era fugir e fugir, e assim eles matavam muitos de nós". Um guerrilheiro, chamado Roberto Chamorro, que vinha de uma das famílias mais ricas do país, desertou e revelou para a Guarda tudo o que sabia; pouco depois, uma combatente sandinista foi morta em uma ofensiva da Guarda: era Claudia Chamorro, irmã de Roberto.

No fim da primavera e início do verão de 1976, a Guarda deslocou-se para leste, saindo da província de Matagalpa em uma operação pente-fino, seguindo aproximadamente a mesma rota que Fonseca havia trilhado, em companhia de um pequeno grupo, em março. Essa ofensiva contrarrevolucionária, chamada *Aguila Sexta*, envolvia tropas de outros países centro-americanos e tinha o apoio de consultores do exército norte-americano. Outros seiscentos soldados foram levados até a área, com apoio de helicópteros que os ajudavam a cercar rapidamente os locais em que os rebeldes eram avistados.

Em 7 de novembro de 1976, Carlos Fonseca e dois companheiros adolescentes caíram em uma emboscada da Guarda Nacional, nas montanhas próximas a Zinica, e ele foi morto na manhã seguinte. O governo Somoza acreditou então ter desfechado um golpe letal contra a FSLN. De acordo com Henry Ruiz, o ano de 1977 foi o mais difícil da história da FSLN. No fim desse ano, o "exército" guerrilheiro inteiro estava reduzido a onze combatentes. Mas os acontecimentos políticos nas cidades já estavam começando a se voltar contra a ditadura de Somoza, que logo mergulharia em uma grande crise e seria destituído, menos de dois anos depois.

4. A VITÓRIA DE JULHO DE 1979

Ao longo do período 1976-1977, a Guarda Nacional conseguiu manter as forças guerrilheiras em fuga e isoladas nas montanhas. Nas cidades, entretanto, a oposição recuperou-se da insidiosa mas seletiva repressão subsequente ao ataque de dezembro de 1974. O ano de 1977 representou o ponto baixo da guerrilha rural, mas, em contrapartida, assistiu ao aumento das manifestações dos estudantes e da ocupação de prédios nas cidades, assim como a algumas greves operárias. Começaram a ser vistas pichações pró-FSLN nas paredes das ruas das cidades e as três tendências recrutaram novos jovens para seus quadros.

A abertura aumentou após setembro de 1977, quando o presidente Anastasio Somoza suspendeu o estado de sítio imposto no final de 1974. Brotaram novas organizações de protesto, em geral associadas à FSLN. A organização do movimento pelos direitos humanos das mulheres, conduzida pelos sandinistas, realizou manifestações contra a violação dos direitos humanos, dando ênfase especial aos abusos cometidos pela Guarda Nacional contra as campesinas e aos maus-tratos sofridos pelas prisioneiras nas celas de Somoza. Ativistas da Tendência Proletária desempenharam um papel de destaque em uma nova e dinâmica organização do trabalho agrícola, a Associação dos Trabalhadores do Campo.

A ofensiva contrarrevolucionária maciça, que se estendeu de 1976 a 1977, lançou bombas e napalm em assentamentos, queimou lavouras e residências, foi responsável por desaparecimentos, estupros e prisões em campos de concentração. Quando a notícia das atrocidades alcançou as cidades, criou-se um estado nacional de indignação, especialmente nas classes mais baixas, tradicionalmente o alvo principais da repressão, mas também nos nicaraguenses de classe média. A brutalidade da Guarda Nacional foi especialmente marcada no caso das campesinas da região montanhosa de El Cuá, mais tarde imortalizadas em poesias e em uma balada popular. Suspeitas de acobertar guerrilheiros, as mulheres foram encarceradas, estupradas e obrigadas a assistir seus maridos serem torturados e mortos.

A indignação moral contra a violência da Guarda Nacional gerou não só novos militantes como também mais contatos para a FSLN e, ainda, um expressivo aumento nas atividades antissomozistas por parte dos partidos tradicionais da oposição e do jornal *La Prensa*. Os problemas econômicos que atingiram a oposição burguesa após o terremoto de 1972 haviam sido relativamente minimizados por uma significativa recuperação da economia em 1975, com base em parte na ajuda para a reconstrução da cidade, mas sobretudo por causa dos melhores preços obtidos pelos produtos nicaraguenses exportados. Os salários da indústria e da agricultura, no entanto, continuaram baixos, o que beneficiava todos os setores do capital, não só a família Somoza. Nos anos 1960, os salários reais nas cidades não subiram (uma década próspera para a classe média e os ricos) e caíram quase 15% entre 1970 e 1975. Os duzentos mil catadores de algodão ganhavam cerca de um dólar ao dia, e isso somente durante os quatro meses da colheita.

A vida das mulheres no campo era especialmente árdua, como na época dos predecessores de Somoza. Ainda na década de 1980, não era incomum encontrar campesinas com menos de trinta anos com aparência de quarenta ou cinquenta, por causa da falta de dentes e de face enrugada, após longos anos carregando água sob o sol e arando o solo, e às gestações precoces, ainda na adolescência. Era comum mulheres e filhos de lavradores serem abandonados pelos homens que deixavam o trabalho nas plantações de algodão ou açúcar, para trabalhar na cidade e nunca mais voltavam. Às vezes, os pais apareciam anos depois, para reivindicar os filhos e levá-los consigo, quando já estavam em idade de trabalhar.

As facções somozista e contrassomozista da classe dominante da Nicarágua cerraram fileiras, em 1975, porque todos os setores da capital estavam prosperando naquela fase de recuperação econômica, e porque a reação dos partidos de oposição ao ataque sandinista, em dezembro de 1974, foi quase tão hostil quanto a do próprio governo Somoza. Mas a campanha de terror desencadeada contra os habitantes do interior do país revoltou muitos nicaraguenses da classe média que não sofriam diretamente nem dificuldades econômicas, nem os ataques violentos da Guarda, o que novamente enfraqueceu a ideia de que Somoza poderia continuar governando com um mínino de estabilidade.

A distância entre as tendências aumenta

O crescimento e a eficiência da FSLN sofriam com a persistência e também com o recrudescimento de uma divisão interna em tendências. Durante dois anos após a morte de Carlos Fonseca, os líderes das três tendências não se reuniram para discutir suas diferenças. A tendência GPP e a Insurrecional tinham cada uma seu próprio pequeno grupo guerrilheiro. A GPP e a Tendência Proletária tinham seus próprios estudantes afiliados, sua própria rede de ativistas cristãos, suas próprias alianças entre os lavradores e campesinos. Ambas as tendências contavam com grupos separados de simpatizantes fora do ambiente rural, em cidades como São Francisco, nos Estados Unidos, a capital do México, em Havana e em San José, na Costa Rica.

Quando os comandos terceiristas atacaram três quartéis-generais da Guarda Nacional em meados de outubro de 1977, as outras duas tendências condenaram as ações. Os proletários acusaram as ações de "aventuras golpistas ... [que] se inscrevem na mais pura tradição das quarteladas burguesas".

A Tendência Insurrecional geralmente é interpretada como a mais abrangente na FSLN, no período seguinte à morte de Fonseca, embora parecesse contar com menos campesinos e simpatizantes ativos na Nicarágua do que as outras duas tendências. Os terceiristas tinham clara maioria no Diretório Nacional.

Com a morte de Carlos Fonseca e de vários outros membros da liderança, e o isolamento de Henry Ruiz, o Diretório Nacional em funcionamento depois de 1976 era composto por Humberto Ortega, Daniel Ortega e Victor Tirado. As políticas traçadas em nome do "Diretório Nacional da FSLN", em 1977 e 1978, representavam as opiniões dos três líderes terceiristas. Sua abordagem estratégica consistia em concentrar a FSLN em campanhas militares, deixando aos partidos burgueses tradicionais a tarefa de desafiar Somoza na arena política. Essa espécie de divisão do trabalho era alheia à proposta de Carlos Fonseca de uma "revolução sandinista popular", com trabalhadores e camponeses mobilizados, liderados pela FSLN. Como já alertara em 1969, apenas o apoio direto das "massas populares" à FSLN seria capaz de "impedir que a força capitalista da oposição, de comprovada submissão ao imperialismo ianque, se aproveite da situação que desencadeia a luta guerrilheira, e se apodere do controle do poder".

Dois documentos produzidos pela "Direção Nacional" terceirista revelam uma abordagem ideológica e estratégica bastante diferente do sandinismo revolucionário de Carlos Fonseca. O primeiro foi a sua *Plataforma geral*, divulgado em 1977, que vinha para substituir o foco concentrado de Fonseca na mobilização de trabalhadores e campesinos sob a liderança da FSLN, e seria uma convocação geral de todas as classes, raças, religiões, profissões e gêneros, para, unidos, retirarem Somoza do poder.

Em 1978, a Direção Nacional terceirista publicou sua própria versão revista do "Programa Histórico". Embora ostentasse o título "Programa Sandinista" e usasse em parte a mesma retórica da versão de 1969, de Fonseca, abandonava o termo "revolucionário" de sua convocação para adotar o título "Governo Democrático e Popular", prometendo apenas nacionalizar as propriedades que estivessem em mãos da família Somoza e propondo uma reforma agrária vaga e limitada. O programa de 1969 exigia a abolição imediata da Guarda Nacional e a formação de um "Exército Revolucionário, Patriótico e

Popular", e de milícias populares; o programa terceirista defendia somente a formação de um novo exército que viria a incluir alguns elementos da Guarda Nacional. O "Programa Histórico" comprometia-se em ser solidário com os povos do Terceiro Mundo lutando contra o imperialismo norte--americano, apoiava a exigência da retirada das bases militares dos Estados Unidos espalhadas pelo mundo, e colocava-se ao lado dos negros americanos em sua luta contra o racismo. A versão de 1978 não mencionava o imperialismo e afirmava apenas que, após a revolução, a Nicarágua "manterá relações com todos os países do mundo". O chavão dos terceiristas sobre o desenvolvimento da costa atlântica ignorava a referência do "Programa Histórico" à "odiosa discriminação" sofrida pelos índios miskito, sumo e pelos negros.

Os documentos terceiristas são um exemplo da ideia amplamente defendida de que a revolução nicaraguense foi uma revolução de todas as classes, em que o papel da liderança, se é que existiu, foi desempenhado pela burguesia antissomozista. Mas são muito diferentes da ideologia da FSLN, durante praticamente toda a sua existência, até 1979, e das estratégias e políticas implementadas de modo efetivo durante a insurreição de 1978-1979. Nem a *Plataforma geral* terceirista, nem seu "Programa Sandinista" de 1978 chegaram sequer a circular na Nicarágua, nem antes nem depois da vitória de 1979.

1978 – O COMEÇO DA CRISE FINAL

O ritmo dos acontecimentos acelerou-se rapidamente em 1978, em consequência das ações repressivas de Somoza, às iniciativas da FSLN, e em decorrência também das ações populares de certa forma espontâneas. Em 10 de janeiro de 1978, o editor do *La Prensa*, Pedro Joaquín Chamorro, foi assassinado a caminho do trabalho. Chamorro era o oposicionista mais famoso do país e fora um destacado líder do Partido Conservador por mais de trinta anos. Nenhuma outra figura da burguesia nicaraguense tinha a mesma autoridade moral, nem uma história pessoal semelhante de resistência à repressão de Somoza.

Todos endossaram a hipótese de que o próprio Somoza havia ordenado o assassinato.

Demonstrações de protesto varreram o país após a morte de Chamorro e, no dia 23 de janeiro, grupos de empresários da oposição convocaram uma greve nacional de protesto, para durar até "Somoza renunciar". Apesar de os líderes empresários terem encerrado a greve menos de duas semanas depois, ações de rua, militantes e protestos mantiveram-se ativos nas grandes e nas pequenas cidades em toda a Região Oeste da Nicarágua. Começaram a tomar forma novas abordagens de luta popular, que se generalizaram no decorrer do ano seguinte e terminaram por simbolizar a insurreição nicaraguense: fogueiras armadas nas ruas com pneus velhos e lixo, coquetéis Molotov e bombas de contato de confecção caseira, barricadas de paralelepípedos para proteger os bairros do avanço dos tanques da Guarda Nacional. Centenas e depois milhares de paredes começaram a exibir *slogans* revolucionários, assinados às vezes pela "FSLN-GPP", ou pela "FSLN-TP". Um vigoroso padrão de auto-organização por parte das massas populares marcou todo aquele período entre o assassinato de Chamorro em janeiro de 1978 e a vitória revolucionária, dezoito meses depois. Esse padrão manifestou-se, por exemplo, na formação de comitês de defesa civil nos bairros operários, para organizar apoio logístico e proteção aos que combatiam a Guarda.

Em fevereiro de 1978, um levante anti-Somoza eclodiu na comunidade indígena de Monimbó, localizada na cidade de Masaya, a apenas 32 quilômetros de Manágua. Em abril, uma greve dos estudantes fechou tanto as universidades como quase todos as escolas da rede pública e privada do país. O grupo pró-FSLN, Os Doze, composto por intelectuais e empresários de destaque, percorreu diversas cidades em julho, sempre recebendo calorosa acolhida de multidões entusiasmadas. Foi formada uma nova coalizão de organizações sandinistas populares, chamada Movimento Povo Unido.

Em 22 de agosto de 1978, cerca de vinte guerrilheiros da FSLN, disfarçados de policiais da Guarda Nacional, dominaram o Palácio Nacional em Manágua, mantendo como reféns 3.500 políticos e empresários até que Somoza concordasse em liberar os 59 membros da FSLN ainda na prisão. Essa audaciosa e bem-sucedida missão chamou a atenção da mídia e do público, e a vice-comandante da operação se tornou imediatamente uma figura legendária: "Dora María Téllez / de 22 anos / miúda e pálida / de botas, boina negra / o uniforme da Guarda / muito folgado... Dora María / a moça aguerrida / que fez tremer de fúria / o coração do tirano". Dezenas de milhares de residentes saíram às ruas para aplaudir os guerrilheiros da FSLN e libertar os prisioneiros, que passaram de ônibus pelos bairros dos trabalhadores a caminho do aeroporto, onde um avião os esperava para levá-los a Cuba. A cobertura dos acontecimentos pela televisão, ao som da trilha sonora das palavras de ordem entoadas por todos os nicaraguenses – "Abaixo Somoza!" e "Somoza pro paredão!" –, teve um imenso impacto tanto na Nicarágua quanto no restante do mundo.

Uma revolução quase espontânea irrompeu em Matagalpa, no final de agosto. Cerca de quinhentos secundaristas, apoiados por cidadãos mais velhos, combateram a Guarda Nacional durante cinco dias, antes de ter sua rebelião selvagemente contida por tropas presidenciais reforçadas por um bombardeio aéreo. Os insurgentes usavam bandanas vermelhas e pretas e entoavam slogans sandinistas, embora não houvesse um único integrante da FSLN no início do levante.

Durante a segunda semana de setembro de 1978, os guerrilheiros da FSLN organizaram rebeliões em uma série de cidades ao norte e ao sul da capital, incluindo Masaya, Chinandega, Diriamba, León, Jinotepe e Estelí. A Tendência Insurrecional iniciou as ações de setembro, que chamou de a "ofensiva final" contra Somoza. Jovens associados às três tendências lutaram e morreram nesses combates, mas a maioria dos participantes nos confrontos de rua não estava afiliada a nenhuma tendência. Somoza reagiu com mais bombardeios aéreos e ataques da artilharia, matando aproximadamente cinco mil pessoas.

Por volta do final de 1978, dezenas de milhares de jovens nicaraguenses, secundaristas que se rebelaram em Matagalpa em agosto, consideravam a FSLN a *sua* organização, embora não fossem membros inscritos. Nessas condições, tanto a oposição burguesa como o governo dos Estados Unidos começaram a se preocupar com a possibilidade de os moderados serem eliminados, o que tornaria difícil manter a FSLN fora do governo após a eventual deposição de Somoza.

Em outubro, o presidente dos Estados Unidos, Jimmy Carter, organizou um comitê mediador com integrantes da Organização dos Estados Americanos (OEA), representantes dos Estados Unidos, da Guatemala e da República Dominicana, para tentar conter o clima excessivamente favorável à FSLN. A comissão da OEA realizou diversas reuniões na Nicarágua e obteve o apoio da coalizão burguesa da oposição para enviar uma proposta a Somoza a fim de que ele nomeasse um novo presidente para sucedê-lo, mantendo intacta a Guarda Nacional e dividindo o Poder Legislativo entre os partidos tradicionais da oposição e o partido político de Somoza. O plano não previa papel algum para a FSLN. Em sinal de protesto, Os Doze, que eram a face pública dos terceiristas, retiraram-se da coalizão moderada da oposição e uniram-se às outras duas tendências da FSLN, no Movimento Povo Unido. Por insistência do governo norte-americano, o líder empresário Alfonso Robelo tentou estabelecer negociações diretas com Somoza após o fracasso da mediação da OEA, o que só serviu para desacreditar ainda mais a oposição burguesa.

Uma profunda crise social e econômica, especialmente grave nas cidades, acompanhou a crise política de 1978 e 1979. O nível de desemprego atingiu picos inéditos, os salários despencaram, os impostos aumentaram. Em 1978, 60% da população nicaraguense tinha menos de vinte anos. Nas favelas urbanas de rápido crescimento em Manágua, jovens de ambos os sexos, enfrentando as reduzidas perspectivas de estudo ou trabalho, tornaram-se uma sólida base de apoio para a revolução. As condições de vida nos bairros pobres das cidades eram extremamente precárias e os programas sociais, mínimos, antes mesmo de Somoza atacar os bairros operários com seus tanques e aviões. Em 1977, apenas 16% da população tinha água encanada em casa, e havia menos de cem escolas de ensino fundamental em todo o país. Apenas treze escolas de toda a rede permaneceram intactas, para não falar das crianças que estavam lá dentro, outras foram atingidas ou destruídas pelas bombas da Guarda e pelos tiroteios, no último ano do governo Somoza.

1979 – A Guerra Civil Revolucionária

A violência da Guarda Nacional contra os suspeitos rebeldes e contra os jovens em geral aumentou no início de 1979. A polícia abriu fogo contra uma passeata de dez mil pessoas, no primeiro aniversário da morte de Pedro Joaquín Chamorro, assassinado em 10 de janeiro de 1978. Esquadrões da morte direitistas, como a "Mão Branca", visavam sobretudo operários sindicalizados e ativistas católicos. Assim como em El Salvador e na Guatemala, os esquadrões da morte na Nicarágua trabalhavam em estreita colaboração com a Guarda Nacional e revestiam seus atos terroristas de uma retórica racial e anticomunista. Os corpos dos jovens detidos pela polícia eram encontrados com sinais de espancamento nas margens de estradas ou em terrenos baldios particulares, ainda com olhos vendados e com os polegares amarrados às costas. Em abril, o Exército retirou quarenta pacientes e médicos de um hospital em Estelí e os massacrou. Em junho, o assassinato a sangue--frio de um popular repórter da televisão norte-americana, William Stewart, foi gravado em filme e horrorizou telespectadores no mundo inteiro.

A violência somozista foi contraposta pela intensificação das atividades revolucionárias. Tanto vilarejos como cidades grandes assistiram a um acentuado crescimento de várias formas de protesto: greves de estudantes e trabalhadores, ocupação de terras, passeatas religiosas e funerais que se transformavam em demonstrações populares, tomada de edifícios e ataques aos acampamentos da Guarda Nacional. Confrontos armados entre os guerrilheiros da FSLN e unidades da Guarda Nacional eclodiram na zona rural. Comitês de defesa civil, vistos primeiro em Estelí, difundiram-se rapidamente para outras localidades. Em San Antonio, na maior usina de açúcar da Nicarágua, os trabalhadores expulsaram o destacamento da Guarda Nacional posicionado na plantação, transformaram a casa de máquinas em fábrica de munição para a FSLN e enviaram alguns voluntários para se unir aos guerrilheiros no Fronte Ocidental.

Nos primeiros meses de 1979, a FSLN crescia significativamente em termos de adesão de novos membros, e de forma exponencial em termos de influência. Isso foi uma pressão decisiva para que as três tendências se unificassem. Os jovens homens e mulheres associados às diferentes tendências uniram-se em uma ação conjunta de rebeliões urbanas, respondendo como um só corpo à situação política, em acelerado processo de mudança. O número cada vez maior de nicaraguenses identificados com a FSLN começou, na prática, a simplesmente ignorar sua divisão em tendências, algo que nunca haviam antes compreendido ou aprovado.

Em 7 de março de 1979, as três tendências da FSLN anunciaram sua unificação e o estabelecimento de um Diretório Nacional conjunto, composto por três homens de cada tendência, todos com o título de *Comandante da Revolução*. Esse Diretório Nacional continuaria exatamente o mesmo durante toda uma década: Daniel Ortega, Humberto Ortega e Victor Tirado, dos terceiristas; Tomás Borge, Bayardo Arce e Henry Ruiz, do grupo da Guerra Popular Prolongada; Jaime Wheelock, Luis Carrión e Carlos Nuñez, dos Proletários. Vinte e sete combatentes foram elevados à categoria de *Comandante Guerrilheiro*, sendo nove escolhidos em cada tendência. Havia somente três mulheres: Dora María Téllez, Leticia Herrera e Mónica Baltodano.

A tão aguardada reunificação da FSLN inaugurou o período final da insurreição. No início de abril de 1979, uma rebelião geral em Estelí cedeu, por dez dias, o controle da cidade para os rebeldes. Em meados de abril, assistiam-se a embates diários entre os integrantes da Guarda e os jovens de bandana vermelha e preta, em cidades de todo o país, incluindo, pela primeira vez, a construção de barricadas nos bairros operários de Manágua. Fora das cidades, cinco frentes guerrilheiras de várias dimensões agiam sob o comando conjunto da recém--reunida FSLN. A Frente Sul, comandada por Humberto Ortega baseado em um acampamento na Costa Rica, era de longe a maior, e praticava o tipo de ataque mais convencional. Com setecentos soldados e dez veículos blindados, era provavelmente do mesmo tamanho que as outras quatro frentes somadas. O esquema que os exércitos guerrilheiros pensavam implantar nas cidades para "libertá-las" não se assemelhava em nada com o que realmente aconteceu na Nicarágua, em 1979. Em grande medida, as cidades libertaram-se por si sós, embora a Frente Ocidental, comandada por Dora María Téllez, aplicando a tática de guerrilhas em vez de uma estratégia bélica mais convencional, tivesse desempenhado um papel importante na remoção da Guarda Nacional de León. Na época em que a Brigada Pablo Ubeda enfim conquistou as cidades mineiras de Siuna e Bonanza e a cidade costeira de Puerto Cabezas, a Guarda Nacional já havia desistido.

A OFENSIVA FINAL

O Diretório Nacional unificado convocou uma greve geral de caráter insurrecional para o dia 4 de junho, para perdurar até Somoza cair. Alguns dias depois, estourou uma rebelião generalizada na cidade de Manágua. Em meados de junho, a Guarda Nacional havia abandonado León e Matagalpa, respectivamente a segunda e terceira maiores cidades do país, assim como uma meia dúzia de cidades menores. No fim daquele mês, a FSLN já controlava mais de vinte cidades de médio e grande porte ao longo da zona do Pacífico, tendo instituído governos locais e sistemas de distribuição de alimento em algumas delas.

As insurreições urbanas eram declaradamente oriundas da classe operária. Um levantamento sobre cerca de seis mil combatentes sandinistas mortos na insurreição mostrou que 54% eram trabalhadores de vários tipos, e outros 29%, estudantes secundaristas e universitários, muitos procedentes de famílias de trabalhadores. Mais da metade deles eram filhos de pais não casados, o que na Nicarágua significa famílias pobres, não pertencentes à burguesia. Três quartos dos combatentes estudados nesse levantamento tinham entre quinze e 24 anos quando foram mortos, e 93% eram homens. Menos de 5% deles foram identificados como campesinos. A grande maioria dos seis mil mártires sandinistas não era membros da FSLN que, mesmo conhecendo um rápido crescimento em 1978 e 1979, ainda tinha menos de dois mil filiados à época de sua vitória.

A maior parte das lutas urbanas ocorreu em bairros pobres e de operários, outro indício da dinâmica classista da insurreição. A Frente Interna da FSLN, depois de traçar planos logísticos detalhados para a ofensiva final, tanto nos bairros a leste como a oeste de Manágua, decidiu concentrar-se a leste, numa região composta por uma cadeia ininterrupta de bairros populares, porque "as condições políticas ali eram mais favoráveis". Os bairros da parte leste reagiram prontamente à convocação de 8 de junho para a greve geral insurrecional na capital. Em poucos dias, "nem uma só loja se abriu, nem uma única agência bancária ou escritório. Não havia postos de gasolina funcionando, meios de transporte público, ônibus para fora da cidade. Supermercados e mercearias permaneceram fechados. Tudo fechou. Não funcionou nada... absolutamente nada".

Os bombardeios e ataques de Somoza com foguetes miravam sempre os bairros mais pobres. As fábricas destruídas por bombardeios aéreos eram alvos em virtude de sua localização no meio dos bairros operários, não porque seus proprietários fossem oposicionistas ricos. Algumas delas pertenciam a Somoza. Em algumas cidades e vilas menores, os bairros não eram claramente definidos, mas em Manágua comunidades operárias inteiras foram destruídas, enquanto as áreas da classe média permaneceram intactas. Somoza ordenou que sua Força Aérea "atacasse tudo o que estivesse em movimento", no lado leste de Manágua, recorrendo a bombas, foguetes e até mesmo tambores de gasolina atirados dos aviões. No final de junho, contando mais de duas semanas de ataques de retaliação contra Manágua, a Frente Interna da FSLN liderou uma retirada organizada de seis mil pessoas da capital, encaminhando-as para Masaya, uma cidade a 32 quilômetros de distância.

As dezenas de milhares de participantes que integraram as rebeliões urbanas de 1979 e as centenas de milhares que as queriam ver vitoriosas tinham motivos diferentes para se envolver e ainda noções vagas sobre o que lhes traria a revolução. A maioria queria simplesmente que a repressão parasse, e a Frente era a única organização capaz de dar fim ao governo de Somoza, "a Besta". Muitos também combatiam em defesa de exigências de classe: terra, estabilidade no emprego, moradias decentes, atendimento à saúde, o fim do abuso dos empregados pelos patrões e donos de terra. Para outros, o mais importante era o direito de a Nicarágua governar seu próprio país, sem a interferência dos Estados Unidos. Outros foram mobilizados por algum evento particular ocorrido em sua cidade ou bairro, como a matança de pacientes e médicos do hospital de Estelí pela Guarda Nacional, ou os ataques às escolas e aos serviços religiosos. Muitas mulheres se tornaram inicialmente parte do apoio sandinista de bairro por motivos familiares, a fim de proteger os filhos ou amigos deles. Na costa atlântica e nos bairros indígenas, como Subtiava e Monimbó, a motivação para apoiar a revolução vinha do desejo de uma maior autonomia e pelo fim da discriminação racial. Embora a maioria dos simpatizantes nunca tivesse lido o "Programa Histórico" de Carlos Fonseca, todos lutavam por conteúdos enunciados no documento de 1969, e o sucesso da FSLN se deveu ao fato de terem reunido todas essas lutas diferentes num só movimento unificado que se tornaria, cada vez mais, uma séria ameaça à ditadura.

Embora a FSLN fosse apanhada de surpresa por algumas das explosões urbanas de 1978, na primavera de 1979 os quadros da FSLN estavam liderando a atividade diária da revolução, distribuindo o limitado número de armas disponíveis, treinando membros da milícia, organizando o apoio da comunidade, a distribuição de alimentos e o atendimento dos feridos, decidindo quanto e onde atacar, quando recuar, e em franco processo de recrutamento e treinamento de novos líderes.

Nessas circunstâncias, segmentos significativos da oposição burguesa não viam alternativa à negociação com a FSLN e terminaram concedendo-lhe um papel no governo pós-Somoza. Em 16 de junho, a FSLN anunciou em San José, na Costa Rica, a formação de um governo revolucionário provisório, composto por três membros da FSLN (Daniel Ortega, Moisés Hassán do Movimento Povo Unido (MPU), e Sergio Ramírez, um d'Os Doze), o industrial milionário Alfonso Robelo, e Violeta Chamorro, viúva de Pedro Joaquín Chamorro. Os líderes da FSLN em San José – a maioria terceiristas, mas apoiados pelo Diretório Nacional unificado – também concordaram em promover eleições após a partida de Somoza, para constituir um novo legislativo em que os partidos da burguesia teriam garantido um papel no controle do governo. A junta de cinco pessoas tornou-se o governo da Nicarágua após a derrubada de Somoza, mas o poder político ficou com a FSLN, especialmente com os nove homens do Diretório Nacional. O projeto de uma legislatura pós-Somoza não foi concretizado senão em maio de 1980, quando a administração nacional foi dominada pela FSLN e por uma coleção de organizações pró-FSLN, criadas durante a insurreição, representando os trabalhadores, as mulheres, os jovens, os campesinos e os ativistas comunitários.

O governo dos Estados Unidos continuou até o fim tentando impedir que a FSLN ocupasse o poder. Com Jimmy Carter, o governo americano cortou efetivamente novas levas de ajuda militar a Somoza, em seu último ano de mandato, mas as armas e equipamentos já em processo de envio chegaram a ele em 1979 e, até o fim, continuou havendo ajuda militar por parte de Israel. A proposta de Washington no final de junho de enviar uma "força de paz" à Nicarágua era claramente destinada a desarmar a FSLN, só o representante de Somoza na OEA votou a favor da moção. Em 8 de julho de 1979, com toda a zona do Pacífico em estado de guerra, o jornal *Washington Post* publicou uma entrevista com Somoza que causou furor na Nicarágua. Somoza declarou ao jornal que já tinha se prontificado a renunciar, mas que o governo dos Estados Unidos estaria retardando sua saída até que uma nova estrutura de comando para a Guarda Nacional pudesse ser instaurada. Naquela mesma semana, a Cruz Vermelha divulgou um relatório denunciando que cinquenta mil civis, dos quais nove mil apenas em Manágua, tinham sido mortos pelas forças do governo durante a guerra.

Em 16 de julho, Somoza nomeou um deputado liberal para sucedê-lo na presidência e indicou o novo comandante da Guarda Nacional. Pouco depois da meia-noite, em 17 de julho, Somoza fugiu para Miami, seguido no dia seguinte pelo novo "presidente" e o novo comandante da Guarda Nacional. Em 18 de julho, três membros do governo revolucionário voaram até León, declarada capital provisória da Nicarágua. A Guarda Nacional se desintegrou. Um oficial da guarda de trânsito ficou incumbido da tarefa de se render em nome da Guarda Nacional, o que ele inicialmente se recusou a fazer porque o comandante da FSLN a quem se renderia era uma mulher.

Em 19 de julho de 1979, colunas de guerrilheiros entraram em Manágua. No dia seguinte, 250 mil pessoas se reuniram na recém-rebatizada Praça da Revolução para saudar o novo governo. Agitando bandeiras vermelhas e pretas e, em muitos casos, portando armas, a multidão de jovens recebeu calorosamente os líderes da FSLN, quando estes anunciaram a dissolução da Guarda Nacional e o confisco de toda a fortuna de Somoza, prometendo implantar uma reforma agrária legítima. Referindo-se aos dois navios de guerra dos Estados Unidos ao largo da costa do país, o líder sandinista Tomás Borge disse que "o povo de Sandino empunhará novamente as armas e combaterá", caso houvesse alguma tentativa imperialista de derrubar a revolução.

5. Os revolucionários no poder

Quando os guerrilheiros entraram marchando em Manágua, no dia 19 de julho, receberam o entusiástico apoio da esmagadora maioria da população. A nova junta, com cinco membros, levada ao poder não por meio de eleições, mas por uma insurreição popular, tinha uma legitimidade maior do que qualquer outro governo da América Central.

Da noite para o dia, a capital passou de uma guerra civil, marcada pelo terror da Guarda Nacional, a uma paz interrompida por comemorações e demonstrações de júbilo, agora não mais por eventuais disparos de alguns somozistas. A Guarda Nacional deixou de existir. Milhares de guardas armados foram detidos, o que os poupou da vingança popular que liquidara alguns oficiais da Guarda Nacional nos últimos dias da guerra. Outras unidades atravessaram a fronteira, escapando para Honduras, algumas com a ajuda dos Estados Unidos. Mas as forças da repressão de Somoza não existiam mais no país. Foram substituídas pelos novos e bastante jovens Exército Popular Sandinista e Polícia Sandinista, formados a partir dos quadros guerrilheiros e dos combatentes urbanos da FSLN. Em agosto de 1979, um decreto constitucional abolindo a Guarda serviu apenas para documentar uma realidade já implantada na prática.

O país fora social e economicamente devastado pela guerra e pela roubalheira. Cerca de cinquenta mil pessoas foram mortas durante a guerra revolucionária. (Uma porcentagem comparável da população brasileira significaria mais de três milhões de mortos no mesmo período de dezoito meses.) Uma em cada dez crianças nicaraguenses se tornou órfã devido à guerra. Somoza deixou apenas três milhões de dólares no

Tesouro Nacional, tendo roubado todo o restante, não sem levar à falência suas próprias empresas antes de fugir do país. A agricultura e a produção industrial estavam praticamente paralisadas, desde os últimos meses da guerra, dada a intensidade dos conflitos armados. Somente na capital, havia milhares de pessoas sem comida, água ou abrigo. Perto de um milhão de nicaraguenses precisava de auxílio emergencial de alimentação, numa população total de 2,5 milhões de habitantes no país. Dezenas de milhares de refugiados que haviam escapado ao terror de Somoza voltavam em grandes levas à Nicarágua, provenientes da Costa Rica e de outros países vizinhos, aumentando ainda mais a pressão sobre os recursos praticamente inexistentes.

A nova Junta de Governo e o Diretório Nacional, este composto por nove membros, adotou prontamente uma série de medidas populares, já esboçadas no "Programa Histórico" da FSLN, de 1969. Foram nacionalizadas todas as propriedades de Somoza e dos que fugiram com ele. Os dois canais de televisão do país, um jornal de grande circulação e várias estações de rádio, que pertenciam a Somoza, passaram imediatamente a servir de base de operações para a rádio e a TV sandinistas e para o novo jornal da FSLN, chamado *Barricada*. Todo o dispendioso equipamento da companhia produtora de filmes de Somoza não foi mais localizado, quando ela foi tomada em 19 de julho, no entanto, os militantes aficionados de filmes localizaram-no em caixas no aeroporto de Manágua, prontas para serem despachadas para fora do país. As luxuosas casas e escritórios de Somoza e seus comparsas foram transformadas em escolas, creches e centros culturais.

Para enfrentar a crise econômica, o governo nacionalizou todos os bancos nicaraguenses e assumiu o controle da exportação dos produtos agrícolas mais importantes do país, entre eles o algodão, o café e o açúcar. Foram baixados decretos contra a estocagem de provisões e a busca desenfreada do lucro, para impedir os comerciantes de elevar os preços e se aproveitar da situação desoladora de escassez generalizada.

Foram baixados novos impostos sobre bens de luxo importados. Outro decreto do governo estipulava que os patrões teriam de pagar dois meses de salários atrasados a todos os trabalhadores, relativos a junho e julho, desde o fechamento das fábricas pelas greves ou devido aos bombardeios da Guarda Nacional. Os Comitês de Defesa Civil, que haviam atuado no apoio logístico às insurreições urbanas, passaram a distribuir alimentos e restabelecer os fornecimentos de água e luz para os bairros mais atingidos. Essas organizações, em sua maioria operadas pela classe trabalhadora, eram chamadas Comitês de Defesa Sandinista (CDSs). No dia 3 de agosto, duas semanas apenas após a vitória, cinquenta mil residentes de Manágua (ou um sexto da população da capital) compareceram a uma passeata em homenagem aos CDSs; a palavra de ordem era "Trabalhadores e campesinos no poder".

Os Comitês de Defesa Sandinista rapidamente se transformaram numa organização de massa, estabelecidos por quarteirões nos bairros da classe trabalhadora, que tinham sido o centro da luta contra Somoza. Os comitês, geralmente liderados por mulheres, promoviam reuniões semanais e organizavam passeatas e demonstrações, projetos de melhoria nos bairros, campanhas de saúde pública e cuidavam de programas educacionais. Os membros da organização comunitária em Granada, com o apoio de trabalhadores e estudantes, apossaram-se do exclusivo Granada Social Clube, local em que se reunia a oligarquia conservadora, e transformaram-no em uma "Casa do Povo". Os veteranos adolescentes da luta contra Somoza assumiram a liderança de uma nova organização juvenil, a Juventude Sandinista 19 de julho (JS19), e o grupo de mulheres formado anteriormente à revolução foi transformado em uma organização popular chamada Associação de Mulheres Nicaraguenses Luisa Amanda Espinoza (AMNLAE), em homenagem à primeira mulher da FSLN a ser morta pela Guarda Nacional.

Uma nova Carta de Direitos foi elaborada e transformada em lei em 21 de agosto, assegurando não só liberdade política e religiosa, como também seguranças sociais, isonomia dos salários, creches para as mães trabalhadoras, medidas de prevenção de acidentes e cuidados com a saúde no trabalho, e o direito à educação e ao atendimento à saúde. Embora alguns desses serviços não pudessem começar a ser imediatamente fornecidos devido à crise econômica, os trabalhadores estavam encorajados a lutar por eles e os patrões consideravam que suas prerrogativas estavam correndo risco. A Carta de Direitos também abolia a categoria da "ilegitimidade", uma importante medida equalizadora numa nação em que a maioria das crianças nascia de pais não casados.

O governo dos Estados Unidos, sob a administração de Jimmy Carter, prometeu primeiro enviar trezentas toneladas de alimentos por dia, quantidade estimada necessária para fazer frente à crise imediata de abastecimento da população, porém passou a retardar o envio das provisões. Em 6 de agosto, apenas um avião com víveres chegou dos Estados Unidos. Por outro lado, Cuba, com muito menos recursos, já estava enviando carregamentos diários de leite, alimentos e medicamentos. Seis cidades da Nicarágua receberam brigadas plenamente equipadas de médicos e enfermeiras de Cuba, no primeiro mês após o 19 de julho, e o presidente Fidel Castro prometeu enviar tantos professores e médicos quantos a Nicarágua precisasse.

A aparente unanimidade do apoio à revolução, na Nicarágua, rapidamente começou a desaparecer. Os capitalistas se queixavam da ordem de pagar os salários atrasados relativos aos dois meses da guerra, e a imprensa dos Estados Unidos se manifestava contra as medidas que penalizavam os "patrões duramente pressionados". Mesmo após a expropriação dos negócios de Somoza, a maior parte da produção industrial continuou em mãos de empresas privadas. As famílias abastadas, entre elas algumas que tinham feito moderada oposição a Somoza, haviam enviado perto de oitocentos milhões de dólares para contas em bancos em Miami e no Panamá, nos dezoito meses finais do governo de Somoza, e a fuga de capitais continuava. Uma súbita "reforma" monetária, decretada em 25 de agosto, declarava inválidas as notas de córdoba de valor elevado, limitando estritamente o número das que poderiam ser trocadas pelo novo dinheiro, aniquilando do dia para a noite pequenas fortunas que tinham sido acumuladas com a venda de produtos com os preços altamente inflacionados ou adquiridas na compra de dólares no mercado negro. A medida repentina, denunciada como totalitária pelos comerciantes e industriais, criou incerteza entre as camadas da classe média, mas teve um imenso apoio popular nas massas urbanas que sofriam com o peso da crise econômica.

Antes da Revolução, menos de 8% da classe trabalhadora da Nicarágua pertencia a algum sindicato e alguns faziam parte de sindicatos pró-capital, favoráveis a Somoza. A vitória da FSLN e os decretos favoráveis aos trabalhadores, aliados aos discursos dos primeiros meses, levaram a uma explosão do movimento sindical, nas cidades e no campo. Os trabalhadores envolvidos na agricultura uniram-se na Associação dos Trabalhadores do Campo não só em novas fazendas estatais, que tinham sido confiscadas de Somoza, mas também em plantações de algodão e café e grandes fazendas, de proprietários rurais privados. Todos os maiores bens de exportação da Nicarágua eram produtos agrícolas, e a mão de obra sazonal temporária era, de longe, o maior contingente da força de trabalho. A colheita do algodão reunia algo em torno de 250 mil trabalhadores; a do café, 150 mil e a da cana-de-açúcar, quinze mil. Esses trabalhadores trabalhavam longas horas ao sol, por salários muito baixos, em condições subumanas de habitação, sem instalações sanitárias, expostos a perigosos pesticidas. Era comum o trabalho infantil. Muitos dos temporários iam para as cidades, nas entressafras, para obter salários de subsistência. Os que obtiveram pequenos lotes de terra plantavam milho e feijão para o sustento da família e também migravam para as colheitas, na época da safra. Não havia uma clara demarcação entre os trabalhadores agrícolas e os proletários urbanos, ou entre os campesinos e os pequenos lavradores; todas essas ocupações sobrepunham-se em uma mesma família ou no mesmo indivíduo.

Foi constituída uma nova federação sindical sandinista e, em poucos meses, estavam inscritas perto de 350 afiliadas num total de 180 mil inscritos. As assembleias de trabalhadores eram realizadas tanto em fábricas do governo como nas de capital privado, exigindo o afastamento de gerentes considerados autoritários, a ampliação dos direitos trabalhistas, salários maiores. O governo e a liderança da FSLN dinamizavam a rápida retomada da produção para que fossem abertas vagas na indústria e se pudesse combater a devastação econômica. Mas muitos industriais recusavam-se a comprar matérias-primas ou pagar os operários, preferindo em vez disso esgotar os estoques e desmontar o maquinário, enviando em seguida seus dólares para fora do país. Quando isso começou a ocorrer, os trabalhadores se organizaram para manter as máquinas funcionando, chegando a impedir os donos de entrarem na fábrica, e exigindo a intervenção do governo. Em geral, a reação do governo foi dar apoio aos trabalhadores. Como declarou a um grupo a comandante guerrilheira Mónica Baltodano, durante uma assembleia em agosto, os mártires sandinistas "não morreram para que um grupo de burgueses pudesse continuar no poder".

Pela primeira vez no continente americano, existia um governo que não abria as portas para os capitalistas e as classes de proprietários. A burguesia nicaraguense tinha perdido seu poder político embora ainda mantivesse o controle da economia. A maioria dos negócios e da produção agrícola para exportação continuava em mãos das mesmas famílias abastadas que vinham mandando na Nicarágua desde o século XIX. Elas haviam se servido de seu poder econômico para forçar o governo a aprovar medidas que protegessem sua lucratividade e, quando isso não pôde mais continuar, muitas delas descapitalizaram as *holdings*, parte dos familiares mudaram para fora da Nicarágua, e começaram a organizar uma contrarrevolução. Esse processo foi rápido mas heterogêneo e, na época, passou despercebido. Alguns indivíduos, mesmo alegando defender o governo ou até fazendo parte dele, na realidade já tramavam medidas de sabotagem econômica ou planejavam ataques com uso da violência. Nem todos os capitalistas e agricultores saíram do país ou operaram uma descapitalização, mesmo porque a riqueza vinculada à terra é difícil de ser deslocada. Além disso, houve quem continuasse dando apoio à FSLN. Mas a luta de classes foi muito acirrada nos primeiros anos, e foram raros os indivíduos que apoiaram a demanda dos trabalhadores por benefícios econômicos e pelo controle sindical da produção quando eles eram seus próprios patrões.

O governo fez algumas concessões a empresas privadas visando reativar a economia, na forma de preciosos empréstimos em dólares para a compra de equipamentos e matérias-primas. Em geral, o dinheiro desaparecia no pagamento de salários inflacionados de gerentes ou era investido em instalações industriais em outros países, enquanto as fábricas na Nicarágua demitiam seus operários e funcionavam, quando funcionavam, com capacidade reduzida. Foram criados alguns empregos por meio de programas públicos de trabalho, a exemplo de um parque infantil muito popular na antiga área do centro da cidade de Manágua, em ruínas desde o terremoto de 1972. Mas, em agosto de 1979, o desemprego atingia 50% da população, e durante a época da colheita de inverno aumentou ainda mais, já que o algodão não havia sido plantado durante os últimos meses da insurreição.

A organização dos empresários e partidos da burguesia não somozista manifestou publicamente suas críticas à "falta de democracia" do governo e à "violação dos direitos humanos", encaminhando suas queixas por intermédio do Conselho Superior de Empresas Privadas (Cosep), uma entidade que congregava as maiores empresas, e do jornal *La Prensa*. Objetavam a formação de milícias populares para combater os ataques de sabotagem da direita e o caráter partidarista da Polícia e do Exército Sandinistas. Defendiam a convocação imediata de um Conselho de Estado com poder de veto superior ao da Junta de Governo, um órgão legislativo no qual os partidos da burguesia e as organizações empresariais tivessem sua maioria garantida. A FSLN havia concordado com um Conselho de Estado com tal composição antes da vitória, mas alguns partidos com assentos "garantidos" não existiam mais.

O governo e o Diretório Nacional reagiram intensificando o recrutamento de trabalhadores, estudantes e donas de casa para compor as milícias, e decretando uma série de leis favoráveis aos trabalhadores e contrárias aos interesses dos patrões. Novos decretos reduziram o valor dos aluguéis e interferiram nos projetos de urbanização em que os proprietários estavam desobedecendo às leis. Outros decretos, que ampliaram os benefícios sociais e estabeleceram controle de preços sobre a carne e outros itens básicos da alimentação, deveriam ter sua aplicação verificada por meio da atuação de comitês de preços criados por bairro. As minas de ouro dos americanos foram nacionalizadas. A FSLN anunciou também que o Conselho de Estado só seria convocado em maio de 1980, e incluiria representantes das novas organizações de massa dos trabalhadores, campesinos e jovens, que haviam sido a espinha dorsal da revolução.

Essa era uma situação intrinsecamente instável, uma vez que as classes que dominavam a economia não tinham um governo que representasse seus interesses nem sequer que lhes permitisse exercer alguma influência para proteger os interesses próprios ou participar de decisões estratégicas em termos de política econômica. Para a burguesia nicaraguense, assim como para o governo americano, o novo governo sandinista era pior do que a ditadura de Somoza, que tinham tolerado, quando não apoiado ativamente, e durante a qual haviam prosperado. A burguesia viu abortados seus esforços para recuperar parte do poder político, ao mesmo tempo que o governo revolucionário se via bloqueado em suas tentativas de reativar a economia. Em sua publicação partidária, *Poder Sandinista*, a FSLN resumiu a situação econômica no final de 1979 como se segue:

> Precisamos de financiamentos, mas estamos afundados em dívidas até o pescoço.
>
> Precisamos nos libertar economicamente do imperialismo mas, em grande medida, dependemos da tecnologia impe-

rialista e seus mercados. Precisamos aumentar a produção, mas uma grande parcela da produção está atualmente nas mãos de empresários que não se interessam muito por isso. Precisamos redistribuir e reinvestir os excedentes, mas uma grande parte desses excedentes está em mãos privadas e, portanto, é privada.

Precisamos aumentar o setor das Propriedades Populares [estatais], mas temos problemas para administrar as que já estão sob novo comando. Precisamos de técnicos e profissionais revolucionários capazes, mas temos carência desses quadros. Precisamos reativar a indústria, a agricultura e o comércio, a fim de produzir o que o povo e a economia necessitam, mas os últimos anos do governo de Somoza legaram-nos um país arruinado, saqueado e desorganizado.

Uma reorganização do Gabinete, em dezembro de 1979, substituiu personagens da oposição burguesa por membros do Diretório Nacional, para ocupar os Ministérios da Defesa, Agricultura e Planejamento. Essa transição foi tranquila. Os líderes da FSLN vinham, na realidade, ocupando esses poderosos Ministérios havia vários meses.

A essa altura, o governo dos Estados Unidos se movimentou para tentar conter a onda de greves, ocupações de terra e manifestações de estudantes que varriam os países da América Central após a vitória da revolução sandinista. Exercícios militares de larga escala foram encenados no Caribe, recorrendo ao álibi de que havia sido localizada uma brigada soviética em Cuba – na realidade, uma unidade de treinamento que já se encontrava lá desde a década de 1960. O presidente Jimmy Carter divulgou um plano para reunir uma "força regional de paz" para a América Central, que incluiria a Argentina, o Chile e o Uruguai (países com brutal ditadura militar, que dificilmente se consideraria "regional" tratando-se da América Central). No afã de prevenir o surgimento de "outra Nicarágua", Washington bancou um golpe militar contra o governo direitista em El Salvador, em outubro de 1979. Em poucos meses, diferentes grupos revolucionários daquele país se uniram e convocaram uma "ofensiva final" para derrubar o governo. Uma "Conferência pela Unidade", realizada em San Salvador, em janeiro de 1980, aclamou a vitória do povo da Nicarágua e declarou que "a revolução sandinista deu início a uma era de revoluções no istmo da América Central".

O impacto da Nicarágua se estendeu para além da América Central. O líder do Partido dos Trabalhadores no Brasil e futuro presidente do país, Luis Inácio Lula da Silva, elogiou o que viu, numa visita feita à Nicarágua em 1980:

> O que vimos lá foi um mundo realmente diferente, com a participação do povo, sua felicidade, o alcance da democracia interna. Em suma, o povo plenamente no poder. O que está acontecendo naquele país pode se tornar um novo modelo político para a América Latina.
>
> A alegria no rosto das crianças, a vontade de reconstruir o país, o desejo dos sindicalistas de ter sindicatos eficientes, o programa de alfabetização que está em andamento, a reforma agrária – tudo isso mostra como o povo tem certeza de estar construindo alguma coisa para si.
>
> O setor militar também nos causou uma forte impressão: não pudemos notar nenhuma distinção, nenhuma diferença entre o exército e o povo, ou entre a polícia e o povo. Pelo contrário, o exército e a polícia são o próprio povo.

Alguns meses após a subida ao poder, o governo da FSLN anunciou que 1980 seria o "Ano da Educação". A Nicarágua apresentava um índice de analfabetismo de 50% que, no campo, beirava os 80%. Entre as mulheres pobres da zona rural, havia praticamente 100% de analfabetas. Um censo efetuado após julho de 1979 revelou que mais de oitocentas mil pessoas com mais de dez anos não eram capazes de ler ou escrever. Havia menos de cem escolas de ensino fundamental no país inteiro, e a maioria delas tinha sido danificada durante a guerra. Em março de 1980, não só todas as escolas atingidas tinham sido reformadas, como mais quinhentas novas unidades foram inauguradas em áreas rurais onde nunca existira uma antes.

Mais de sessenta mil brigadistas alfabetizadores, mais da metade mulheres, foram mobilizados para trabalhar no campo, entre março e agosto de 1980. Além de ensinar quatrocentos mil homens e mulheres a ler e escrever, reduzindo assim o analfabetismo em 13%, os brigadistas trabalharam nas colheitas, construíram escolas e centros de saúde, levantaram dados botânicos e linguísticos, organizaram campanhas e reuniões culturais e criaram novos capítulos das organizações populares. Uma segunda campanha de alfabetização ocorreu no mesmo ano, na costa do Atlântico, por intermédio da qual mais de doze mil pessoas foram capacitadas a ler e escrever em inglês crioulo, miskito, sumo ou espanhol.

Em sua maioria alunos de escolas secundaristas e universitários de famílias urbanas, os brigadistas alfabetizadores ainda não haviam tido contato direto com a desoladora pobreza e as árduas condições de trabalho da vida rural. Os que vinham de famílias de classe média, especialmente as moças, por vezes entravam em conflito com os pais para obter permissão para ir. O fato de o governo, a igreja popular e a maciça maioria da população estarem por trás da campanha acabava por dificultar que os pais negassem a permissão quando seus filhos estavam realmente determinados a participar da campanha.

A campanha de alfabetização e as brigadas da saúde mudaram a vida de milhares de campesinos nicaraguenses, a maioria nunca recebera um só benefício da reforma agrária. Os habitantes da zona rural começaram então a romper as divisões entre o campo e a cidade, herdadas da revolução. Entretanto também expuseram o fato de o apoio à revolução e o entendimento de seus princípios serem mais desigual no campo, especialmente na costa do Atlântico, em comparação com a classe trabalhadora das cidades da costa oeste. Quando um destacamento da Guarda Nacional se infiltrou pela fronteira com Honduras e matou um brigadista da saúde e um membro da milícia em Yali, tiveram a ajuda de 26 campesinos locais que se deixaram convencer por sua propaganda anticomunista. No final de setembro, ocorreram largas e violentas demonstrações contra oitenta professores cubanos em Bluefields, que esperavam transporte para aldeias do interior. Embora as localidades mais remotas e perigosas em geral tivessem um quadro local de professores, especialmente mil voluntários cubanos, nove brigadistas foram assassinados por contrarrevolucionários e cinquenta morreram em acidentes ou doenças, durante a campanha.

Os conflitos de classe aumentaram na primeira metade de 1980, especialmente na capital, onde o pequeno setor industrial da Nicarágua estava concentrado. Os patrões usavam seu controle econômico para enfraquecer os ganhos legais dos operários, enviando os lucros para fora do país. Os trabalhadores da indústria privada, especialmente a parcela inscrita no movimento sindical sandinista, concordaram em doar seus tradicionais bônus de Natal para o governo, em 1979, para criar empregos para os desempregados. Os patrões não desembolsaram os valores, como rezava o acordo, e simplesmente se apropriaram do dinheiro em vez de entregá-lo ao governo.

A FSLN alegava que estava comprometida com uma "economia mista" e com a proteção da propriedade privada, e insistia com os capitalistas para que investissem e aumentassem a produção a fim de reativar a economia nacional arrasada. Em vez disso, os donos das fábricas usaram várias táticas para descapitalizar seus negócios: receberam empréstimos do governo usando os parcos dólares disponíveis e usaram-nos na compra de equipamentos para suas fábricas em outros países, ou para pagar os altos salários da gerência administrativa. Deixaram de pagar os impostos devidos aos bens exportados, e apresentaram recibos falsos de recolhimento por equipamento importado que nunca havia entrado na Nicarágua. Levaram praticamente toda a família para Miami e deixaram para trás um falso residente, alugando suas casas luxuosas em dólares, depositados diretamente em bancos no exterior. Criações de animais eram uma forma especialmente móvel de capital, cerca de dez mil cabeças de gado foram simplesmente levadas para fora das fronteiras da Nicarágua. Os donos de abatedouros matavam as vacas prenhes e os bezerros recém-nascidos para consolidar os ativos o mais rápido possível, depois fechavam suas portas.

Os trabalhadores tentaram impedir essa descapitalização, em geral ocupando as fábricas e aumentando a produção, impedindo que seus donos entrassem nas instalações, além de exigir a intervenção do governo. Nas palavras de uma mulher em uma fábrica de Manágua – ocupada em fevereiro de 1980 – onde praticamente só trabalhavam mulheres, "estamos dispostas a trabalhar em fábricas capitalistas ou estatais para reconstruir a base material da Nicarágua para o futuro. Mas se os capitalistas não fizerem as fábricas funcionar, nós faremos. Somos a classe mais forte deste país e devemos proteger esta revolução, porque esta revolução é para a classe trabalhadora". No início de 1980, houve uma sucessão de fábricas ocupadas, incluindo a maior cervejaria do país. O governo baixou uma série de leis estritas contra a sabotagem econômica, em março de 1980, mas a descapitalização prosseguiu. Antes que a revolução completasse um ano, menos de trezentas das 663 indústrias do país estavam em funcionamento e, estas, operando apenas com metade de sua capacidade produtiva. Os partidos da burguesia e os grupos de administradores condicionavam explicitamente sua participação na reconstrução econômica "à necessidade de reafirmar o conceito da propriedade privada, oferecendo uma proteção efetiva contra confiscos, invasões [de terras] e expropriações", ao mesmo tempo que os trabalhadores exigiam mais confiscos.

Embora os trabalhadores urbanos oferecessem um apoio esmagador à revolução, isso não se traduziu em todos os casos em apoio à FSLN. A vida estava dura. O desemprego chegava a mais de 50%, e a inflação da segunda metade de 1979 subiu ao patamar de 60%. A FSLN desencorajava aumentos de salários e, em vez disso, concentrava-se na redução do custo dos bens e serviços de primeira necessidade, cortando os aluguéis, os custos de transportes e serviços, e estipulando controles rígidos de preços sobre artigos de primeira necessidade. Mas os latifundiários e comerciantes encontravam às vezes maneiras de burlar os controles. Em algumas importantes fábricas de Somoza que haviam sido nacionalizadas, os trabalhadores entraram em greve, exigindo um aumento imediato de 100% nos salários. Muitos pertenciam a sindicatos que já trabalhavam desde antes da revolução e tinham sido organizados por uma ala do Partido Comunista da Nicarágua. O governo concordou com um aumento modesto e tentou persuadir os trabalhadores a se sacrificar em prol daqueles que não tinham emprego, mas por vezes o governo também endurecia contra os líderes dos sindicatos não sandinistas, prendendo-os e taxando-os de "contrarrevolucionários".

Apesar da crise econômica que se arrastava, a maioria dos trabalhadores da Nicarágua e os membros das comunidades urbanas da classe trabalhadora consideravam que a vida tinha mudado para melhor, no primeiro ano após a revolução. No campo, essa visão não era tão clara, pois aí, onde a maioria da população vivia e a economia de exportação estava baseada, era justamente onde a solução para a gigantesca crise social era mais lenta e custosa.

A chave estava na reforma agrária e aqui a FSLN se movimentava com mais cautela do que se poderia esperar com base em seu programa histórico. Todas as terras da família Somoza foram imediatamente nacionalizadas. Isso chegava a cerca de 20% do solo arável do país, em sua maioria plantações e fazendas para produção de bens de exportação, que tinham se transformado em fazendas do Estado. As terras que não se prestavam a operações comerciais de larga escala tinham sido oferecidas a cooperativas de campesinos e lavradores, mas esse era um processo longo. Não houve uma redistribuição significativa de terra senão no terceiro ano de funcionamento do governo revolucionário, e mesmo assim foi dirigido principalmente às cooperativas já organizadas, não às famílias individuais.

Alguns campesinos estavam dispostos ou até mesmo ansiosos para se filiar a cooperativas para poder adquirir títulos de terras. Isso foi especialmente verdadeiro para os que tinham trabalhado juntos para defender suas terras da exploração dos donos, ou que tinham participado dos grupos da teologia da libertação, iniciados nos anos 1970 entre lavradores e campesinos, ou ainda os que tinham atuado com os guerrilheiros da FSLN no combate a Somoza. Mas algumas cooperativas recém-organizadas não tiveram sucesso devido ao despreparo ou à falta de uma liderança eficaz, de um planejamento econômico consistente, por conflitos de personalidade, ou em virtude de problemas na distribuição de bens e suprimentos. Além disso, havia muitas famílias de campesinos que queriam continuar trabalhando a terra individualmente, e não tinham a menor vontade de integrar cooperativas de produtores, nas quais a terra era uma propriedade coletiva, nem mesmo as cooperativas de prestadores de serviços, nas quais embora o equipamento e os financiamentos fossem coletivos, cada família tinha seu próprio lote.

Havia pelo menos cem mil famílias de campesinos na Nicarágua, produzindo em torno de 90% da safra nacional de itens de primeira necessidade, como milho e feijão. Muitos alugavam suas terras dos grandes latifundiários, e aproveitavam a vantagem de um decreto que limitava o teto do aluguel anual, em cerca de treze dólares por hectare. Pela primeira vez na história da Nicarágua, os campesinos tinham crédito para plantar, recebiam assistência técnica e tinham preços garantidos de compra de sua colheita. Essa política ajudou a enfrentar a crise imediata da alimentação, instalada após a revolução (embora ainda fosse preciso importar comida em 1979 e 1980), e também ajudou a constituir uma classe de campesinos que dava apoio à revolução e à FSLN. Essa situação se tornou especialmente verdadeira depois que a FSLN começou a organizar uma nova entidade para os pequenos lavradores, chamada União Nacional de Agricultores e Boiadeiros (Unag). Os grandes plantadores se queixavam de que a FSLN estava tentando dividir os produtores, ao que Jaime Wheelock, do Diretório Nacional, retrucou: "Como poder haver igualdade entre o filho descalço de um campesino e o filho de um grande produtor que está estudando nos Estados Unidos?".

As medidas de apoio aos campesinos não satisfizeram a fome de terra da população rural carente. A vitória da revolução levou ao aumento na ocupação de terras por lavradores, o que já vinha acontecendo desde a insurreição, mas agora envolvia não só as propriedades de Somoza e seus afiliados, mas também terras ociosas que pertenciam a plantadores que haviam combatido Somoza e até mesmo apoiado a FSLN. Poucas semanas após a vitória de 19 de julho, milhares de campesinos entraram marchando em Diriamba e Jinotepe, como parte do Primeiro Festival Cultural Camponês. Suas palavras de ordem favoritas eram "A terra dos assassinos para os campesinos!", "Viva a aliança trabalhador campesino!" e "Viva a revolução sandinista!". Em fevereiro de 1980, trinta mil campesinos marcharam até Manágua, exigindo que a terra ocupada pelos campesinos e depois tomada pelo governo não fosse devolvida aos grandes latifundiários. Com frequência, essas terras foram nacionalizadas e entregues às cooperativas de campesinos, que já estavam trabalhando nela, mas houve casos em que a terra da qual o governo se apossara fora devolvida aos antigos donos, apenas para ser ocupada uma segunda vez.

A primeira lei da reforma agrária deixou a grande maioria das terras produtoras de itens de exportação nas mãos das famílias ricas, que faziam as mesmas objeções aos decretos revolucionários que os donos das fábricas. Na verdade, eram quase sempre as mesmas famílias em ambos os casos. Quase não havia algodão colhido no inverno de 1979-1980 porque ele não fora plantado em junho e julho de 1979, quando o país estava mergulhado numa guerra civil de amplas proporções. Mas o café não precisa ser plantado todos os anos e deveria então gerar uma safra quase normal. Os catadores de café queixaram-se de que alguns grandes proprietários estavam demitindo mão de obra em vez de contratar, para fazer o restante da colheita no início de 1980, e em alguns casos essas plantações foram tomadas pelo governo; a Associação dos Trabalhadores Rurais incumbiu-se então de fazer a colheita. Os plantadores de algodão receberam generosos empréstimos que os deveriam motivar a plantar em junho e julho de 1980. Mesmo com uma menor área de plantio no geral, houve uma séria falta de mão de obra para a colheita do algodão e do café, na safra de 1980-1981, o que continuou sendo um problema durante todos os anos daquela década.

A principal razão para a escassez da mão de obra temporária foi que os campesinos, antes forçados pela fome a procurar as plantações em busca de trabalho, podiam agora, com a ajuda do governo na forma de crédito e preços garantidos de compra da produção, permanecer em suas pequenas glebas e tirar o sustento da sua própria terra. Os salários controlados pelo governo para os colhedores de safra continuavam baixos, e os plantadores encontravam maneiras de evitar as novas leis que exigiam instalações sanitárias e moradias decentes para a mão de obra temporária. Os homens que até então haviam trabalhado nas colheitas tentavam ingressar no Exército, primeiro como voluntários depois como recrutados, o que tornou a mão de obra do campo um contingente principalmente constituído por mulheres e crianças. Cada vez mais as colheitas eram levadas ao mercado graças ao trabalho voluntário dos trabalhadores, estudantes e até soldados. A situação era profundamente contraditória. Revolucionários jovens e alguns já não tanto prontificavam-se a fazer o trabalho duríssimo da colheita em brigadas de lavoura a fim de defender seu país e a revolução. Mas as fazendas em que trabalhavam eram particulares, e os plantadores, no mais das vezes, usavam os lucros para financiar a contrarrevolução.

Os violentos ataques contrarrevolucionários e os esforços para estrangular economicamente a revolução são na maioria das vezes associados à administração do presidente dos Estados Unidos, Ronald Reagan. Mas na realidade eles começaram com o presidente anterior, Jimmy Carter, que sabotou a ajuda humanitária tão necessária ao governo revolucionário, usando os dólares norte-americanos para dar apoio à oposição interna. Ele aumentou a ajuda militar a El Salvador e aos governos reacionários da região, ajudando declaradamente a ex-Guarda Nacional de Somoza que se reorganizava em Honduras. Ao longo da década de 1980, incursões terroristas contra a Nicarágua por ex-oficiais da Guarda, exilados em Honduras, tiraram a vida de muitos brigadistas, líderes de cooperativas, campesinos e soldados. As tropas hondurenhas praticaram diversas invasões de fronteira com o intuito de provocar a FSLN. A demagogia cada vez mais histérica da oposição burguesa, ressaltando o comunismo sandinista, a anarquia e a falta de democracia tinha o intuito de chamar a atenção de Washington. Nas cidades, pelo menos, tinha pouca credibilidade entre os nicaraguenses. A organização maciça de cidadãos comuns em milícias populares, que já vinha ocorrendo desde 1979, era destinada a fazer frente tanto às ameaças internas quanto às externas. Uma das últimas medidas de Carter, antes de deixar a presidência, foi suspender quinze milhões de dólares em empréstimos à Nicarágua, depois de ter prometido seu pacote de ajuda econômica, que havia mais de um ano estava sendo adiado.

A posse de Ronald Reagan, em janeiro de 1981, coincidiu com um recrudescimento do movimento revolucionário em El Salvador. A reação na Nicarágua foi previsível e extremamente polarizada. Dezenas de milhares de jovens participaram de uma passeata em Manágua, entoando "Se a Nicarágua venceu, El Salvador vencerá!", enquanto o jornal *La Prensa* seguia o governo americano e apoiava a junta e o exército salvadorenhos.

Em fevereiro de 1981, a administração Reagan vetou uma venda de trigo à Nicarágua no valor de 9,6 milhões de dólares, bloqueando a importação da matéria-prima de que dependiam os empregos de três mil padeiros, além da produção de pão para o país inteiro. O governo revolucionário reagiu com uma campanha diplomática e cultural nacionalista extremamente bem-sucedida, encabeçada pelos *slogans* "Pão para a Nicarágua" e "Milho, Nosso Sustento". A tentativa de Washington de usar a comida como arma foi bastante impopular, no mundo todo e em casa também; depois de algum tempo, a Nicarágua recebeu doações equivalentes a três anos de suprimento de trigo, tornando-se o único país do mundo a exportar algo que não tinha produzido em suas próprias terras.

O governo Reagan não contava apenas com a pressão econômica para derrubar os sandinistas do poder, para tanto aprovou uma ajuda sigilosa de dezenove milhões de dólares para os contras. Esse seria o início de uma ajuda multimilionária, às vezes secreta, às vezes declarada, para ajudar a organizar uma guerra "por procuração", usando a antiga Guarda Nacional como sua tropa de choque. (Ao mesmo tempo que Washington apertava o cerco contra a FSLN na Nicarágua, suspendia os embargos contra a ditadura de Pinochet, no Chile.) Os ataques disparados da fronteira com Honduras aumentaram acentuadamente, matando cem nicaraguenses em outubro de 1981. Milhares de cidadãos integraram imediatamente as Milícias Populares Sandinistas e seus batalhões de reservistas. Em julho de 1981, milhares de mulheres fizeram uma passeata na capital regional de Chinandega, exigindo "Mão Dura" contra a contrarrevolução, e insistindo para que as mulheres passassem a integrar as milícias. Foram formados cinco batalhões de reservistas exclusivamente com mulheres, além das que já integravam os batalhões de estudantes e das que estavam nos batalhões mistos. Isso representava um nível de comprometimento diferente do de participar de uma milícia de bairro ou montada no local de trabalho, uma vez que os batalhões da reserva iam para as montanhas, por duas ou três semanas, para um intenso período de treinamento, e depois podiam ser convocados para a ativa.

Professores e trabalhadores da saúde eram o alvo preferido pelos ataques dos contras e, em outubro de 1981, dois professores cubanos foram mortos em uma aldeia nas montanhas na Região Leste. Em 1979, quando, a pedido da Nicarágua, o governo cubano solicitou voluntários para ocupar mil postos como professores, foram recebidas trinta mil inscrições. Após o assassinato dos professores cubanos em 1981, cem mil cubanos se inscreveram para preencher as duas vagas.

A descapitalização e a polarização de classes também pioraram em 1981, e a ideologia sandinista se tornou cada vez mais radical. Os dois integrantes capitalistas da Junta de Governo tinham renunciado em abril de 1980, e os delegados das entidades empresariais e representantes dos partidos da burguesia tinham se retirado do Conselho de Estado, poucos meses depois de ter sido instalado com sua maioria sandinista, em maio de 1980. O jornal *La Prensa* ecoava os ataques de Washington ao governo da FSLN e a Cuba. O jornal chegou a defender o bloqueio econômico à Nicarágua e a recusa de entidades internacionais credoras que se prontificaram a emprestar dinheiro ao país. Em razão dessas posições o jornal da oposição ficou temporariamente sem circular algumas vezes, após interdição do governo.

Embora os membros do Diretório Nacional raramente falassem de socialismo, muitos trabalhadores se sentiam atraídos pelas ideias socialistas. A Federação dos Sindicatos Sandinistas publicou o Manifesto Comunista e alguns ensaios de Lenin, sobre a transição do capitalismo para o socialismo e a aliança entre a classe trabalhadora e o campesinato. Numa maciça demonstração em 1º de maio de 1981, a praça estava decorada com três grandes faixas da CST com os dizeres "Marx, Engels, Lenin – Gigantes do Pensamento Proletário". Apesar de as entidades que congregavam os nicaraguenses ricos exilados em Miami pedirem uma intervenção armada para "libertar a Nicarágua do comunismo", um líder sindical declarou para a massa pró-revolucionária que "era verdade que a Guarda Nacional de Somoza tinha sido derrotada, mas ainda não derrotamos nosso pior inimigo de classe, a burguesia obstinada".

No final de 1981, a Nicarágua, Cuba e Granada estavam todos em estado de alerta militar, pois os Estados Unidos realizavam manobras, num movimento chamado "Olho do Falcão", ao largo da costa nicaraguense. Um general americano afirmou: "Muitos de nós já se consideram combatendo a Terceira Guerra Mundial porque o comunismo está se espalhando por todo o hemisfério ocidental". Nem tudo era guerra, porém. A FSLN mobilizou 250 mil brigadistas da saúde, numa campanha sem precedentes para erradicar a malária, e depois se empenhou na construção de bibliotecas. Os temas da cultura e da defesa foram salientados por um líder da FSLN, quando anunciou, no final de 1981, que "esta será uma revolução de livros, rifles e guitarras".

6. A REVOLUÇÃO EM GUERRA

Nos primeiros meses de 1982, antigos integrantes da Guarda Nacional intensificaram seus ataques, agora como mercenários pagos pelo governo dos Estados Unidos. No aniversário do assassinato de Sandino, uma bomba foi detonada no aeroporto de Manágua. Foi identificada e neutralizada uma conspiração para explodir a única refinaria de petróleo da Nicarágua e sua única fábrica de cimento, ambas localizadas próximo a bairros populosos. Alguns jornais dos Estados Unidos denunciavam um pacote de ajuda da CIA aos contras, no valor de dezenove milhões de dólares, dando início ao que, no final, seriam quatrocentos milhões de dólares diretamente injetados nas forças militares contrarrevolucionárias.

A população da Nicarágua em sua maioria se alinhou de modo não exclusivo, em termos de classe, em resposta ao ataque à sua revolução. Um pequeno exemplo é o que ocorreu em janeiro de 1982, quando os operários da Coca-Cola em Manágua votaram para impedir que o gerente da fábrica entrasse no local de trabalho, já que este escrevera uma carta ao governo francês pedindo que o país enviasse em caráter de urgência equipamento militar para a Nicarágua. O gerente era também o presidente de um dos partidos da burguesia. O conflito entre patrões e empregados adquiria um sentido político e nacionalista. Na visão da consciência popular: ser um trabalhador era ser patriótico, revolucionário, verdadeiramente nicaraguense, ao passo que os capitalistas eram considerados culpados não só de explorar seus empregados, mas também de defender os ataques a seu próprio país.

Alguns meses depois, o governo arriscou-se politicamente, cancelando o tradicional feriado de cinco dias da Semana

Santa, como uma medida extraordinária anunciada durante o funeral de um jovem soldado morto pelos contras. Houve uma larga adesão à medida, nas fábricas maiores em que era forte a presença sindical e das milícias. Mas os patrões que puderam fazer frente à decisão do governo mantiveram suas portas fechadas em sinal de desafio e taxaram a medida de emergência de ataque à religião.

Durante os cinco anos seguintes à guerra, a revolução se aprofundou à medida que as classes populares se mobilizavam para defender seus ganhos e crescia a legitimidade da liderança da FSLN aos olhos da maioria da população. O processo, porém, era bastante irregular, pontuado por falhas até mesmo no âmbito das "classes humildes", como eram chamadas na Nicarágua.

Trabalhadores: a luta por um futuro socialista

"Produzimos para defender o país", declarou o líder sindical sandinista Lucio Jímenez a uma gigantesca multidão em 1º de maio de 1982, "o que, devemos acrescentar, também exige 100% de comparecimento ao treinamento da milícia. Não estamos preparados para devolver a terra, as fábricas e os bancos, como tampouco estamos preparados para ver desaparecer a lei da reforma agrária. Estamos lutando para manter essas coisas todas em nossas mãos, mas também por um futuro em que a exploração do homem pelo homem terá sido eliminada para sempre".

Não havia mais de noventa mil operários de produção na Nicarágua e uma grande parte da indústria era artesanal. Havia apenas 120 fábricas no país inteiro com mais de cinquenta trabalhadores, e perto de 1.500 lojas de pequeno porte, com menos de cinco funcionários. Contudo, os trabalhadores urbanos e suas famílias desempenharam um papel crucial na derrubada de Somoza; ser um trabalhador tornou-se motivo de honra, não de vergonha. Nos primeiros três anos do governo sandinista, foram formados mais de seiscentos sindicatos locais, a maioria filiados à Federação Sandinista dos Trabalhadores. Os trabalhadores beneficiavam-se diretamente das medidas revolucionárias implantadas nos anos anteriores: atendimento à saúde e educação gratuitos; serviços básicos como água e luz, fornecidos pela primeira vez na história do país a preços baixos; acesso a creches, refeitórios nas fábricas e lojas subsidiadas. Mães solteiras, que constituíam a maior parte da força de trabalho em muitas fábricas de Manágua, já consideravam ter um papel no sindicato e na vida da comunidade.

Dezenas de milhares de trabalhadores responderam ao chamado para a formação de milícias populares a fim de defender suas cidades e locais de trabalho, e para integrar os batalhões de reserva da milícia que permaneceriam nas montanhas. Os sindicatos trabalhavam em estreita colaboração com a comunidade e as entidades de jovens para recrutar novos membros para as milícias. Grande número de homens e mulheres apresentou-se como voluntários para ingressar no exército regular. Operários urbanos inscreveram-se em brigadas voluntárias de trabalho para colher o café e o algodão, e atenderam aos chamados para realizar trabalho voluntário não remunerado nos dias de folga. (Esses foram dias que começaram a ser chamados "Domingos Rubro-negros", conforme as cores da bandeira da FSLN.)

Apesar dos esforços dos sindicatos sandinistas e de muitos trabalhadores individuais, a produção industrial declinou nos primeiros anos do novo governo, em parte devido à descapitalização provocada pelos próprios proprietários; três quartos da indústria ainda estavam em mãos de empresários particulares em 1983 e, embora algumas fábricas tivessem sido nacionalizadas depois de algum tempo, não passavam de imensos casulos vazios, no momento em que a FSLN ocupava suas instalações. Havia carência de matérias-primas, de financiamentos e de especialistas técnicos; a ajuda e os empréstimos dos Estados Unidos que haviam sido cortados se transformaram, em 1985, num embargo comercial total. Os trabalhadores partiram para combater os contras, tanto voluntariamente como atendendo a convocações, deixando aos que tinham ficado para trás o compromisso de assumir suas tarefas de trabalho, além das que já estavam incumbidos. Por vezes, os operários se atrasavam ou não conseguiam chegar de modo algum, por falta de transporte, ou porque não tinham quem cuidasse dos filhos, visto que alguns benefícios materiais como licenças não puderam ser implantados logo nos primeiros anos, devido à guerra.

Altos índices de inflação, iniciando-se em 1983, causados pela guerra e pelo crescimento do mercado negro em dólares e bens, pesavam mais que nunca para os trabalhadores assalariados. Um pequeno número de necessidades básicas era subsidiado, enquanto outros itens fluíam para o mercado negro, em que os preços ficavam totalmente fora do controle do governo. Alguns sindicatos negociavam pagamentos parciais em espécie, para compensar os aumentos de salários; os trabalhadores de uma indústria têxtil estatal, por exemplo, recebiam quinze metros de tecido por mês, para "uso da família". O problema era que, no mercado negro, o mesmo tecido era vendido por quantias equivalentes a vários salários. Quando a FSLN resolveu abolir a prática em 1985, aconteceu o que era previsto. Os líderes da FSLN, incluindo o presidente do país, reuniram-se com todos os operários e explicaram como o processo feria outros trabalhadores e campesinos, ao tirar aquele tecido dos canais oficiais de distribuição, onde era vendido a preços muito baixos. Esse apelo à solidariedade da classe foi um sucesso, e a tentativa de um pequeno grupo de operários de iniciar uma greve foi rejeitada pela maioria. Como o presidente Daniel Ortega afirmou aos trabalhadores, o país não poderia solucionar seus problemas específicos com medidas econômicas, tais como grandes aumentos de salário: "a única forma de combatê-los é fortalecendo a consciência dos trabalhadores".

A política declarada da FSLN, desde o momento em que chegou ao poder, era praticar uma "economia mista" e garantir a propriedade e os lucros dos plantadores e industriais privados, desde que concordassem em produzir e não dessem apoio à contrarrevolução. Os líderes da FSLN associaram a ideia de uma "economia mista" com a do "pluralismo político", e prometeram não estabelecer um Estado com um partido único. Ficava cada vez mais claro que a FSLN vislumbrava um papel permanente para grandes capitalistas e ruralistas privados, que às vezes empregavam centenas e até milhares de trabalhadores. Não havia apenas uma tensão ideológica, mas também de caráter prático, entre o conceito de uma "economia mista" e a ideia de "trabalhadores e campesinos no poder", com a qual a FSLN também estava comprometida. Os capitalistas que haviam trabalhado com a FSLN e, pelo menos abertamente, não davam apoio à contrarrevolução (e que passaram a ser chamados de "produtores patrióticos"), esperavam ser recompensados pelo apoio prestado, pressionando a FSLN a moderar as exigências dos trabalhadores. Dois exemplos claros ilustram as complexidades da "economia mista" que estava tentando ser implantada na Nicarágua.

A maior padaria do país nos anos 1980 compunha-se de capital metade estatal metade de um industrial costa-riquenho, que dera apoio à FSLN antes da revolução. Esse "produtor patriótico" recebera a garantia de ter financiamento e farinha, mas abusava dos trabalhadores e despediu um membro da milícia. Quando outros trabalhadores protestaram, ele fechou a fábrica. A CST conseguiu reabri-la e nomear um novo gerente, mas o industrial foi mantido como coproprietário e continuou auferindo seus lucros.

Em junho de 1986, quase sete anos após a revolução, o governo "interveio" na companhia de Julio Martínez, a maior empresa importadora de automóveis e peças do país. Durante quase três anos, os operários reclamaram que a empresa de capital 100% privado se recusava a honrar o contrato, despedia ativistas do sindicato e gratificava os operários que não apoiavam o sindicato. Só mais tarde sindicalistas sandinistas de outras fábricas fizeram uma passeata de protesto até o escritório do presidente Ortega exigindo uma atitude, e os gerentes foram vistos tentando retirar grandes quantidades de estoque e ferramentas da fábrica; o governo então finalmente interferiu.

Os lavradores tinham a sua própria organização, a Associação dos Trabalhadores do Campo, que contava com cinco mil membros inscritos entre trabalhadores do campo e pequenos lavradores, em 1979. Chegou a ter cem mil membros em poucos anos, e conquistou a duplicação dos salários dos trabalhadores do campo ao mesmo tempo que articulava uma nova entidade, completamente separada da primeira, com noventa mil pequenos e médios campesinos, intitulada União Nacional de Agricultores e Boiadeiros (Unag).

A economia de exportação da Nicarágua, sua fonte de moeda sólida, dependia de produtos agrícolas, especialmente algodão, café, carne de gado e açúcar, mas também banana e tabaco. Essa produção foi comprometida não só pela guerra e pelas piores inundações do século, em meados de 1982, mas também pela queda nos preços dos produtos no mercado internacional. Todos os países da América Central sofriam uma grave crise econômica em meados dos anos 1980, embora todos eles, exceto a Nicarágua, estivessem recebendo grandes quantidades de ajuda militar e econômica dos Estados Unidos. Os trabalhadores do café na Nicarágua, com a ajuda de mais 75 mil catadores voluntários, puderam colher em tempo recorde a safra de 1982-1983, a despeito do terrorismo contrarrevolucionário e do assassinato ou sequestro de quase sessenta catadores. Mas o preço do café em 1983 foi só a metade do que fora em 1979 e era preciso seis vezes mais café da Nicarágua para comprar cada barril de petróleo.

A democracia CDS

Os adversários da revolução sandinista, tanto interna como externamente, frequentemente se queixavam da falta de democracia na Nicarágua. Essa era uma acusação sem sentido para a maioria da população, que estava enfim participando da sociedade e da política como nunca antes. O melhor exemplo dessa democracia participativa eram os Comitês de Defesa Sandinista (CDSs). Esses grupos comunitários, organizados em todos os bairros de trabalhadores e em alguns de classe média, tinham seiscentos mil membros inscritos no final de 1983, praticamente metade da população adulta da Nicarágua.

Os Comitês de Defesa Sandinista reuniam-se regularmente para debater problemas locais e nacionais, e para organizar campanhas de saúde, defesa e prestação de serviços. Muitos dos líderes eleitos e dos ativistas eram mulheres de meia-idade. Quando inundações catastróficas atingiram a região do Pacífico em 1982, o país estava mal preparado em termos financeiros e de infraestrutura, mas bem preparado quanto a recursos humanos. Diversamente do que aconteceu na época do terremoto de 1972, o governo e a população mobilizaram o que era possível para evacuar e proteger os atingidos, salvando milhares de vidas e, com isso, fortaleceram as organizações e entidades populares. No auge da guerra dos contras, em 1985, os CDSs promoveram uma campanha inédita de vacinação, envolvendo praticamente todas as crianças do país em um único dia. Em torno de sete mil voluntários, apenas em Manágua, participavam das patrulhas noturnas de "vigilância revolucionária" em seus bairros. (Essa ação ocorria juntamente com o sistema voluntário de vigia noturna das fábricas e outros locais de trabalho, implementado pelos sindicalistas.) A "vigilância revolucionária" arrefeceu quando a guerra se concentrou mais nas montanhas ao norte, em meados dos anos 1980, mas renascia toda vez que parecia haver uma ameaça à capital ou o perigo de uma invasão dos Estados Unidos.

Uma das campanhas mais importantes dos CDSs – que nunca teve um sucesso completo – foi o controle de preços. O governo baixou leis estritas contra a especulação e a estocagem de produtos, impondo tetos aos preços dos itens das necessidades básicas, mas essas leis não podiam ser cumpridas apenas pela polícia. A escassez de bens indispensáveis começou a acontecer desde os primeiros anos e tornou-se pior. Em alguns casos houve uma escassez real mas, em outros, a falta de produtos era causada pelos comerciantes que estocavam os artigos para esperar a alta dos preços. Estoques de medicamentos subsidiados pelo governo foram levados para a Costa Rica onde podiam ser vendidos por valores quatro vezes maiores que na Nicarágua. Outras aparentes faltas de suprimento foram causadas por aumentos de demanda. O país aumentou em 300% a produção de ovos, nos primeiros três anos após a revolução, mas a demanda aumentou mais rapidamente que a produção. Alguns itens comuns de consumo como pasta de dentes e brinquedos às vezes ficavam em falta nos mercados legais, o que levava as pessoas a pagar os preços do mercado negro. O número de pessoas que vendiam mercadorias em casa, ou em precárias banquinhas nas ruas ou mercados, aumentou em uma velocidade enorme. Apenas no Mercado Leste de Manágua havia oito mil vendeiros e, crescendo, acabou por se tornar o centro do mercado negro e da prostituição. Até mesmo nos dois novos mercados da cidade, onde muitos vendedores também eram membros ativos das organizações sandinistas comunitárias, era forte o ressentimento contra o controle de alguns preços praticados pelo governo. Muitos dos problemas econômicos rotineiros que dificultavam a vida dos nicaraguenses eram resultantes de uma campanha consciente de desestabilização econômica insuflada pelos Estados Unidos, que usava seu poderio econômico e político internacional para negar à pequena nação da América Central ajuda, empréstimos, maquinários e peças sobressalentes indispensáveis, além de se negar a ser mercado para os tradicionais produtos da Nicarágua. A guerra econômica foi, de certa forma, mais difícil de combater que a armada.

As primeiras eleições nacionais da Nicarágua livre ocorreram no contexto dessa dupla guerra, em novembro de 1984. A resposta dos partidos burgueses, que exigiram eleições imediatas após a derrubada de Somoza, foi tentar desacreditar as eleições e buscar desculpas para não participar. Os partidos divulgaram uma série de exigências descabidas, entre elas que as entidades populares fossem desativadas e os membros do Exército e da polícia e todos os jovens de dezesseis e dezessete anos não tivessem direito a votar. Essa não era uma versão da "democracia" que atraísse a maioria dos nicaraguenses. No final, o único candidato mais próximo do governo Reagan se retirou do processo eleitoral e sete partidos com ideologias muito diferentes fizeram sua campanha pela presidência. A FSLN denominou sua plataforma de "Plano de Luta", e insistia em que as eleições não deveriam servir para decidir qual a classe social a deter o poder, uma decisão que já tinha sido feita em julho de 1979. Com o comparecimento de 75% dos eleitores, a FSLN venceu com 67% dos votos, elegendo Daniel Ortega como presidente e Sergio Ramírez como vice, e levando 61 das noventa cadeiras da Assembleia Nacional.

Uma razão para a manutenção do apoio à FSLN diante das extremas dificuldades pelas quais o país passava foi o intercâmbio democrático estabelecido por meio de entidades como a "De Cara com o Povo". Todas as semanas, em geral às sextas-feiras à noite, os principais líderes da FSLN e do governo dirigiam-se a um centro comunitário, uma praça, um local de trabalho, aldeia etc., para conversar com as pessoas sobre um problema ou assunto particular. Essas ocasiões atraíam sempre um bom número de participantes, eram transmitidas por rádio e pela TV, e avançavam noite adentro. Os cidadãos faziam perguntas diretas, críticas duras, sugestões, visando à melhoria das condições de todos.

No âmbito da própria FSLN havia menos democracia. Em meados da década, havia cerca de quinze mil militantes ou membros oficiais da Frente, quase dez vezes mais que o número registrado em 1979. Todas as decisões eram tomadas pelos nove homens do Diretório Nacional, o que continuava sendo exatamente a mesma estrutura implantada desde 1979 e que se estendeu após as eleições de 1990. Durante todo o tempo em que a FSLN esteve no poder, nenhuma mulher foi incluída no Diretório Nacional, ninguém oriundo da costa do Atlântico, e ninguém das classes laboriosas que eram a força motriz da revolução. Se houve alguma divergência entre os membros do Diretório Nacional a respeito de questões importantes, nunca foram reveladas ao público nem a outros membros do partido. Uma Assembleia Sandinista de aproximadamente cem outros líderes da FSLN foi nomeada pelo Diretório Nacional e se reunia pelo menos uma vez por mês, para avaliar as atividades do partido, mas essa entidade não tinha poder de tomar de decisões.

Campesinos –
"Terras ociosas para os trabalhadores"

Uma das principais exigências do Programa Histórico da FSLN era uma "maciça redistribuição de terra", que iria "expropriar e liquidar o latifúndio capitalista e feudal", e "entregar gratuitamente a terra aos campesinos, de acordo com o princípio de que a terra deve pertencer a quem nela trabalha". Como afirmou um campesino após sua cooperativa sofrer um ataque mortal dos contras, em 1986, "na época da ditadura de Somoza, não tínhamos nada: terra, assistência médica, habitações, educação. Com a revolução, nós, campesinos, agora somos donos da terra. Esta cooperativa é o nosso futuro. E agora o inimigo vem destruí-la. Nós lutamos para que nossos filhos tivessem futuro, para que não fossem pisados e humilhados como nós".

Os primeiros programas revolucionários a beneficiar os campesinos envolviam projetos sociais e econômicos, em vez de distribuição de terras. Dezenas de milhares de adultos aprenderam a ler na campanha de alfabetização e as crianças de várias zonas rurais foram para a escola pela primeira vez. A revolução cultural no campo incluía não apenas aulas básicas, mas também apresentações de grupos itinerantes de teatro, bibliotecas sobre rodas e exibição de filmes ao ar livre. Os centros de saúde rural e a assistência médica gratuita baixaram a taxa de mortalidade infantil de 200/1.000 para mais ou menos 50/1.000, em poucos anos. Os campesinos receberam crédito do governo a juros baixos, assistência técnica, sementes gratuitas para o plantio, e outras formas de ajuda, além de preços vantajosos para safras básicas como feijão e milho.

A primeira medida de reforma agrária foi o confisco em 1979 das terras de Somoza, que somavam cerca de 20% de toda a terra arável do país. A população expressou uma aceitação geral da decisão da FSLN de manter as grandes propriedades intactas, como fazendas estatais, para que permanecesse o ritmo de produção, em vez de dividi-las em lotes pequenos para lavradores individuais. Mas, ao mesmo tempo, os campesinos pobres e sem-terra queriam expandir suas posses. Em meados de 1981, ocorriam por mês cem ocupações não autorizadas de terra ociosa por campesinos. O governo reagiu com outro decreto de reforma agrária, anunciado no segundo aniversário da revolução. Sob o *slogan* "Terras ociosas para os trabalhadores", autorizava o confisco de terras de proprietários privados que excedessem 345 hectares. As terras confiscadas e compradas e uma parte das terras do Estado foram distribuídas a campesinos que tinham se organizado em cooperativas. O processo, porém, evoluiu lentamente. Em 1982, o governo começou a confiscar a terra de contrarrevolucionários que tinham saído do país. Em 1983, foram concedidos títulos relativos a cerca de 350 mil hectares de terra, quase quatro vezes o que tinha sido distribuído em todo o período de 1979 a 1982. Só em 1985, após demonstrações de milhares de campesinos exigindo terra, que o governo começou a distribuir títulos para aqueles que queriam trabalhar individualmente, não como cooperados. Em 1986, o último ano em que se deu uma distribuição significativa de terra, oitenta mil famílias de campesinos receberam seus títulos, mas ainda havia perto de vinte ou trinta mil que continuavam querendo e precisando de terra.

Em meados dos anos 1980, a guerra eclodia no campo, embora nas cidades a situação continuasse relativamente calma. Os contras miravam os membros de cooperativas e trabalhadores da saúde, professores e agrônomos. Em um único ano [1983], doze médicos e cinquenta professores foram assassinados, trinta centros de saúde na zona rural foram destruídos e danos a creches somavam uma cifra próxima a um milhão de dólares. Em meados de 1984, 1200 trabalhadores agrícolas e campesinos tinham sido mortos, sem contar os que estavam no Exército. O governo evacuou mais de cem mil campesinos das montanhas do centro-norte, a região mais duramente atingida pela guerra, em parte para a proteção deles e também para impedir que os contras recebessem apoio. Tudo isso custou muito caro em termos dos programas de saúde e educação no campo, de produção agrícola, e em certas áreas de apoio para a revolução entre os campesinos.

Cresceu a organização dos pequenos agricultores e lavradores, liderada pelos sandinistas, conquistando o apoio dos campesinos que não se identificavam com outras organizações nem com políticas do governo. A União Nacional dos Agricultores e Boiadeiros, que elegeu sua própria liderança, organizou conferências e demonstrações reunindo dezenas de milhares de pessoas, e realizou uma bem-sucedida pressão para a concessão de títulos individuais a famílias de lavradores, para a anistia de todos os débitos dos pequenos agricultores, e para melhores armas de defesa para as cooperativas nas zonas de guerra. Cerca de cem mil participantes estiveram nas mais de mil assembleias locais, em 1985 e início de 1986, muitas realizadas nas zonas de guerra. Embora a larga maioria de seus membros fosse pobre ou composta por lavradores de médio porte, também acolheu campesinos mais abastados e até mesmo alguns agricultores capitalistas, que começaram a ter um papel mais importante depois de 1985. Embora o quadro refletisse com mais exatidão o caráter heterogêneo da produção agrícola na Nicarágua, também comprometia o papel da organização que teria de ser, nas palavras de seu presidente, "os olhos, o coração e a força inabalável, a serviço dos interesses dos campesinos mais desfavorecidos".

"A FSLN ABRIU A PORTA PARA AS MULHERES"

Um dos primeiros decretos do novo governo sandinista em 1979 garantia direitos iguais para as mulheres. A implementação desse direito democrático num país atrasado e subdesenvolvido como a Nicarágua exigia uma revolução nas relações econômicas e na consciência tanto das mulheres como dos homens. As mulheres compunham cerca de 25% do exército guerrilheiro que havia combatido Somoza, e uma porcentagem ainda maior do movimento pelos direitos humanos e das redes de assistência comunitária de apoio aos combatentes sandinistas. Nos primeiros anos após a vitória, as mulheres e meninas constituíam 60% da força de trabalho da campanha de alfabetização, e 80% da força de brigadistas da saúde. Grandes contingentes de mulheres ofereceram-se como voluntárias para batalhões de reserva da milícia, organizados após 1980, mesmo quando isso significou brigar com os homens da família e os patrões.

A organização de defesa dos direitos humanos anterior à revolução, liderada pelas mulheres sandinistas foi, após a vitória, transformada na Associação de Mulheres Nicaraguenses "Luisa Amanda Espinosa" (AMNLAE), e rapidamente aumentou de tamanho e influência. De acordo com Glenda Monterrey, uma jovem de uma família da classe trabalhadora que, durante quase toda a década de 1980, foi presidente da entidade que congregava as mulheres, "a FSLN abriu a porta para nós, tornando possível a participação das mulheres nicaraguenses, de forma cautelosa a princípio, mas depois em escala maciça". O grupo das mulheres sandinistas entendia que sua missão consistia tanto em organizar as mulheres para a realização de campanhas priorizadas pelo Diretório Nacional da FSLN como em promover os interesses sociais e econômicos das mulheres, especialmente as da classe trabalhadora e as campesinas. Sua ação foi mais eficiente quanto ao primeiro objetivo que ao segundo. As propostas levantadas pela organização das mulheres geralmente desafiavam os preconceitos culturais mais profundos e as práticas discriminatórias, e algumas foram rejeitadas pela liderança da FSLN, pelo bem da "unidade nacional". O Diretório Nacional temia medidas radicais que se mostrassem antagônicas à Igreja Católica e aos membros do Partido Conservador. Houve também oposição a algumas dessas medidas na própria classe trabalhadora, base da FSLN.

Em 1982, a organização das mulheres sandinistas apresentou a "Lei da Amamentação", que dava preferência aos direitos das mães nos casos de custódia contestada e também estabelecia a responsabilidade do pai em reconhecer os filhos e cuidar deles. Depois de muitos debates, essa lei foi aprovada, mas sua implementação foi muito desigual. Quando a convocação militar foi instituída, em 1983, a proposta da organização de mulheres sandinistas quanto a ser aplicada igualmente a homens e mulheres foi rejeitada. Embora as mulheres continuassem tendo autorização para se apresentar como voluntárias para o exército e os batalhões da reserva, sua participação efetiva nos combates diminuiu à medida que as forças combatentes se tornaram quase exclusivamente masculinas.

O tema mais polêmico a respeito dos direitos das mulheres foi o aborto. Uma série de artigos no jornal da FSLN, *Barricada*, abriu uma discussão de âmbito nacional sobre o tema, em 1985. A lei de Somoza que proibia o aborto ainda estava em vigor, e os abortos ilegais eram a causa principal da morte de mulheres em idade fértil. As mulheres ricas pagavam para fazer abortos seguros em clínicas de Manágua, ou voavam a Miami, mas as mulheres pobres sofriam e morriam por causa de abortos autoinduzidos ou provocados. As posições relativas à questão não se definiam com clareza conforme a classe, ou o gênero e a religião, ou entre os grupos que apoiavam ou não a revolução. A chefe da polícia nacional, Doris Tijerino, defensora do aborto legal, impediu que os policiais prendessem as mulheres que faziam abortos ilegais. Alguns líderes da FSLN, tanto homens como mulheres, declaravam que o aborto era uma exigência "burguesa" e "estrangeira" e convocavam as mulheres a ter mais bebês para a revolução. A hierarquia da Igreja denunciava o aborto como assassinato, mas a maioria das mulheres que abortava era católica, assim como também eram católicos quase todos os que queriam mudar a lei. As mulheres das classes trabalhadoras se dividiam a respeito da questão, incluindo as que eram ativistas da organização sandinista e defensoras da revolução. As complexidades da questão foram reveladas nos comentários de uma operária da indústria têxtil, numa grande assembleia de mulheres, realizada em 1986. Ela se dizia orgulhosa de ter uma filha no Exército; defendia a FSLN – queria inclusive que o "Comandante Daniel fosse presidente vitalício" – mas se opunha fortemente ao aborto, considerando que isso fomentaria a prostituição. A discussão do assunto envolveu muitos níveis da sociedade, da Assembleia Nacional aos locais de trabalho, escolas e áreas rurais, até ser interrompida abruptamente pela liderança da FSLN, ao promulgar a Proclamação das Mulheres, em março de 1987, contendo palavras fortes contra o machismo, mas nenhuma menção ao problema do aborto ou a medidas de controle da natalidade. O aborto continuou ilegal e comum, e a causa de muitas mortes.

No início de 1986, a Assembleia Nacional redigiu uma nova constituição, com exemplares impressos em números maciços, e apresentada para discussão nas entidades de massa e nas reuniões municipais de todas as regiões do país. As mulheres participaram ativamente de todas as reuniões, além disso, houve reuniões especiais nas cidades para as mulheres de todas as regiões. As questões e exigências apresentadas nas reuniões das mulheres em Manágua mostraram o grau de confiança e organização que tinham adquirido, e também expuseram o que restava ser realizado após sete anos de revolução. Discutiram problemas de prostituição, violência doméstica, as dificuldades de se obter um divórcio, a necessidade de o estupro ser definido como crime em vez de "abuso privado". As mulheres exigiam o reconhecimento constitucional específico do direito de entrar para o Exército, receber títulos de terras, ter treinamento para empregos geralmente ocupados por homens, voltar ao trabalho depois de terem filhos, e ainda cobravam um novo tipo de educação a respeito do papel da mulher numa sociedade revolucionária. Suas preocupações não eram exclusivamente associadas a problemas femininos. Elas também falavam de um aprofundamento da reforma agrária, de melhores armas de defesa para as cooperativas rurais, de uma clareza maior quanto ao fato de os trabalhadores e campesinos serem a força motriz do processo revolucionário.

O PAPA E A IGREJA POPULAR

Da mesma maneira como os ataques militares e a campanha de Washington se intensificaram em 1982 e 1983, também ficou mais explícita a condenação da hierarquia católica à FSLN e à revolução. A maior autoridade da Igreja na Nicarágua, o arcebispo Obando y Bravo, que tinha conquistado certa reputação de imparcialidade ao mediar o contato entre o governo de Somoza e os guerrilheiros em momentos críticos. O mais proeminente e eficiente porta-voz da contrarrevolução. Suas críticas de que a FSLN estava "atacando a religião" chegaram às manchetes do *La Prensa* e, depois, dos jornais do mundo todo. A certa altura, a rede estatal de televisão propôs que, em vez de transmitir o sermão dominical de Obando y Bravo – tradicional havia vários anos –, fosse feito um rodízio da missa do arcebispo com as rezadas por outros padres católicos, de várias partes do país. Obando y Bravo se recusou a permitir que alguma outra missa fosse televisionada e acusou o governo de suprimir a religião. A tensão aumentou após os contras terem nomeado Obando y Bravo como membro de seu "governo no exílio", em 1982. Os paroquianos que protestaram ao ver seu popular sacerdote pró-revolução ser transferido para fora do país foram ameaçados de excomunhão.

Quatro membros dirigentes do governo sandinista eram padres católicos: o ministro do Exterior, Miguel D'Escoto; o ministro da Cultura, Ernesto Cardenal; o ministro do Bem--Estar Social, Edgard Parrales; e o diretor da Campanha de Alfabetização, Fernando Cardenal. Primeiro o arcebispo, depois o papa, exigiram que os quatro padres renunciassem a seus cargos no governo, o que eles se recusaram a fazer. (Parrales terminou renunciando depois, mas do sacerdócio, não do governo.) Os ministros receberam um apoio esmagador do povo e havia poucos nicaraguenses que já não eram adversários convictos da revolução e consideravam que eles deviam sair do governo. A visita do papa João Paulo II em 4 de março de 1983 foi bem mais controversa. A sociedade nicaraguense estava profundamente polarizada a respeito das questões da guerra e da revolução – não sobre a questão da religião – e a forma como a polarização se expressou durante a visita do papa causou considerável transtorno e agitação, até mesmo entre os partidários da revolução. Meio milhão de pessoas compareceram à missa ao ar livre rezada pelo papa, incluindo grandes e articulados contingentes de defensores e adversários da revolução, além da presença dos católicos. Dezessete estudantes secundaristas assassinados pelos contras tinham sido enterrados no dia anterior, e muitas pessoas desejavam que o papa condenasse a agressão dos contras e expressasse seus pêsames aos familiares dos jovens abatidos. Dois grupos se postaram na frente do comício, as Mães dos Heróis e Mártires e os Veteranos Inválidos da Guerra Revolucionária, entoando palavras de ordem como "Queremos paz", os adversários da revolução, algumas freiras e padres em trajes religiosos, respondiam com "Papa! Papa! Papa!". Em alguns momentos, a voz do papa era coberta pela dos manifestantes.

Embora ainda existisse um apoio popular maciço à FSLN e à revolução, o impacto da visita do papa teve seu custo. Alguns partidários da revolução foram desmoralizados pela recusa do pontífice em se manifestar contra os contras, e outros culparam as palavras de ordem por transformar a missa do papa num comício político. A verdade era que o papa viera com uma mensagem política, e as pessoas que discordavam dele reagiam politicamente. O fato de o conflito político existente ter vindo à tona no contexto de um serviço papal – como ocorrera em centenas de outros cenários na Nicarágua, nos anos 1980 – causou preocupação e desânimo. Os contras e Washington capitalizaram em cima do fato; um dos grupos armados baseados em Honduras divulgou uma foto do papa João Paulo II com a legenda "O papa está do nosso lado". Um dos *slogans* do principal grupo contrarrevolucionário era "Com Deus e com patriotismo, estamos combatendo o comunismo".

Embora isso fosse frequentemente apresentado como conflito entre a hierarquia da Igreja e a "igreja popular", os líderes da FSLN insistiam em que as diferenças eram de teor político, não religioso. Quando algumas estações de rádio católicas foram interditadas em 1986, o motivo da decisão foi a sucessão de atos políticos que violavam a lei nacional e seu apoio declarado às agressões militares contra a Nicarágua, não o fato de se expressar diferentes religiões. Nessa época, Tomás Borge alegou, com razão, que a única perseguição religiosa em curso na Nicarágua era a da hierarquia da Igreja contra os padres partidários da revolução, que às vezes eram proibidos de rezar missas ou transferidos de suas paróquias, e até mesmo exilados, contrariando o desejo de suas congregações.

A questão da Igreja na Nicarágua revolucionária complicou-se mais ainda pela presença de um grande número de grupos protestantes de norte-americanos conservadores, baseados no país. Embora algumas igrejas protestantes, em especial os irmãos moravianos, já tivessem uma longa tradição na Nicarágua, o número de seitas protestantes aumentou significativamente após a revolução. Em poucos anos, surgiram cerca de cinquenta seitas diferentes apenas em Manágua, e algumas construíram uma base considerável na zona rural. Grupos como as Testemunhas de Jeová proclamavam que a catastrófica inundação de 1982 tinha sido uma punição de Deus contra a revolução. As seitas protestantes direitistas pregavam a não obediência às autoridades políticas e insistiam em que os membros não participassem das milícias. Em diversas ocasiões, foram alvo de enraivecidas demonstrações de trabalhadores simpatizantes da revolução, que gritavam "CIA! CIA!" e "Fora com eles!".

Em meados dos anos 1980, 50% de todos os nicaraguenses se identificavam como católicos e outros 40% como protestantes. Embora muitas pessoas expressassem seu apoio ou sua oposição à revolução em termos espirituais, suas posições políticas não se dividiam segundo linhas religiosas. Nas eleições de 1984, o Partido Popular Social Cristão (PPSC), que difundia o *slogan* "Cristãos no poder", se apresentou como defensor da revolução, mas contrário à reforma agrária, ao serviço militar obrigatório e à presença de Cuba no país. O partido recebeu menos de 6% dos votos, em contraste com os 67% da FSLN.

Nicarágua e o mundo: "Não passarão!"

Havia duas guerras estreitamente relacionadas sendo travadas na Nicarágua nos anos 1980. Uma era a luta de classes que acontecia à medida que os trabalhadores e campesinos lideravam o caminho na briga pela construção de uma nova sociedade. A outra era o ataque contra a nação revolucionária desfechado pelo imperialismo dos Estados Unidos recorrendo a um exército mercenário, mas sempre um passo aquém da ameaça de uma invasão direta pelas tropas americanas.

A ideologia sandinista decorreu da identificação com uma geração anterior da luta da Nicarágua contra a intervenção dos Estados Unidos, e com as lutas de povos do mundo todo contra a dominação estrangeira. Carlos Fonseca e os guerrilheiros dos anos 1960 haviam se inspirado em Cuba, no Vietnã, no Congo e na Guatemala. Durante a década de 1980, foram El Salvador, Granada e o Irã, as lutas da Organização pela Libertação da Palestina e o Congresso Nacional Africano da África do Sul. E Cuba, sempre. Embora o governo dos Estados Unidos fosse o inimigo que combatiam mais diretamente, a FSLN também adotava uma política externa anti-imperialista mais ampla. Quando o irlandês Bobby Sands se tornou a primeira vítima a morrer de fome, na prisão, como protesto contra a dominação britânica, o governo sandinista rebatizou a via diante da embaixada da Inglaterra em Manágua de "Avenida Bobby Sands".

Fidel Castro chamava a Nicarágua, Granada e Cuba de "três gigantes enfrentando os Estados Unidos". No menor dos "gigantes", a ilha caribenha de Granada, o movimento revolucionário conduzido por Maurice Bishop tinha chegado ao poder em março de 1979, alguns meses antes da vitória da Nicarágua. O Movimento Nova Joia, de Bishop, tinha um programa semelhante ao da FSLN, as semelhanças continuavam ainda no apoio popular recebido dos trabalhadores e pequenos lavradores e nas hostilidades que sofria por parte dos abastados proprietários de terras e dos Estados Unidos. Os afro-americanos nos Estados Unidos sentiram-se especialmente inspirados pela revolução em Granada, uma ilha onde o inglês era a língua oficial e cuja população era majoritariamente negra, e reagiram com entusiasmo a um vigoroso discurso proferido por Maurice

Bishop, em Nova York, em 1983. Cuba forneceu uma ajuda generosa a Granada, como faria com a Nicarágua, principalmente para a construção de um novo aeroporto, a fim de explorar o potencial turístico da ilha. Granada enviou professores para participar da campanha de alfabetização na região sul da costa do Atlântico na Nicarágua, habitada por descendentes de escravos africanos, cuja língua-mãe era o inglês caribenho. Nos primeiros anos da década de 1980, os três "gigantes" reagiram às recorrentes manobras militares dos Estados Unidos com sinais de alerta militar, à formação de milícias populares e a demonstrações de desafio.

Em outubro de 1983, Maurice Bishop e outros líderes centrais da revolução de Granada foram derrubados e assassinados por uma facção stalinista no Movimento Nova Joia do próprio Bishop. Washington se aproveitou da confusão generalizada resultante do ataque e da desmobilização que a acompanhou para invadir a ilha, encontrando uma forte resistência apenas dos trabalhadores cubanos da construção civil que se encontravam no aeroporto semiconstruído.

A derrota da revolução em Granada foi um sério golpe para a Nicarágua, que também sofria uma pressão militar cada vez maior. No mesmo mês de outubro de 1983, comandos da CIA explodiram um depósito de combustível na cidade portuária nicaraguense de Corinto; apenas a rápida mobilização da população impediu que a cidade inteira, com seus 25 mil habitantes, fosse incinerada. Foi então divulgada a notícia de que os Estados Unidos tinham planos plenamente desenvolvidos para um "rápido ataque" contra Manágua, usando os militares e bombardeiros americanos em março de 1982, mas o ataque acabou sendo cancelado devido à irrupção da Guerra das Malvinas e o consequente afastamento dos militares argentinos que tinham até então colaborado com o exército dos Estados Unidos. Em novembro de 1983, o governo sandinista fez algumas concessões políticas a fim de diluir qualquer pretexto para uma invasão dos Estados Unidos. As lideranças dos movimentos revolucionários de El Salvador e outros países da América

Central foram solicitadas a retirar seus quartéis-generais como exilados do solo da Nicarágua, e mil professores cubanos voluntários foram devolvidos antes do prazo, deixando em alguns casos alunos sem aulas, antes mesmo do fim do semestre. Ao mesmo tempo, a Nicarágua intensificou suas defesas militares convocando para o serviço militar a primeira leva de recrutas, depois de implantado o serviço militar obrigatório.

A lei se tornou uma das medidas mais controversas do governo sandinista e pode ter realmente sido um fator de peso para a derrota eleitoral da FSLN no pleito de 1990. Mas o Serviço Militar Patriótico foi extremamente popular entre os trabalhadores e jovens, na época em que foi decretado, no quarto aniversário da revolução, em 1983. Nessa época, a Nicarágua tinha um exército só de voluntários, com vinte a 25 mil homens e mulheres, muitos veteranos da insurreição contra Somoza, além de oitenta a cem mil pessoas inscritas nas milícias. Como era de esperar, os partidos de direita e a hierarquia da Igreja condenaram o serviço militar obrigatório, mas os partidários da revolução aprovaram o decreto, e a organização das mulheres sandinistas fez uma pressão inútil por uma convocação mais extensa para o serviço militar, que fosse aplicada igualmente a homens e mulheres. A lei aprovada exigia que todos os rapazes entre dezessete e 25 anos se apresentassem para o serviço militar e autorizava, mas não exigia, que as mulheres entre dezoito e quarenta anos se apresentassem como voluntárias para os quadros da reserva. Quando começaram as inscrições, um grupo organizado de novecentos membros da Juventude Sandinista estava no começo da fila, conferindo à convocação um caráter de voluntariado, embora tivesse se tornado obrigatório.

Uma das razões para o entusiasmo popular era que os trabalhadores e soldados acreditavam que a classe média e a burguesia da Nicarágua teriam agora de fazer "a sua parte" em defesa da nação. A crença acabou se mostrando um equívoco. Os pais da classe média, inclusive alguns membros da FSLN, simplesmente mandaram os filhos embora para Miami, em geral acompanhados pelas mães e irmãs. A evasão mostrou-se um fenômeno maciço. No início dos anos 1990, após o fim da guerra e do serviço militar obrigatório, mais de cem mil exilados com idade em torno de vinte anos voltaram à Nicarágua, enchendo as ruas e clubes de Manágua com uma juventude que foi chamada de "Miami Boys" [Os garotos de Miami], facilmente identificados por suas roupas e por falarem inglês melhor do que espanhol.

A convocação atingiu pesadamente a juventude da classe trabalhadora e do campo. O atendimento à convocação arrefeceu e perdeu seu espírito voluntário, especialmente no campo. Algumas campesinas esconderam seus filhos que se aproximavam da idade de prestar o serviço militar; as patrulhas armadas sandinistas, com escassez de quadros, "convocavam" jovens sem idade legal para ingressar no Exército com a intenção de entrar diretamente na ativa, em suas unidades. Os índices de deserção já estavam altos e alguns dos rapazes e meninos que tinham desertado do exército acabaram se unindo aos contras. Um recruta dos "contras", após um breve período de treinamento em Honduras, ministrado por americanos e ex-oficiais da Guarda Nacional, podia voltar para sua região natal e, pelo menos, visitar a família. Contando com o apoio dos Estados Unidos, os contras estavam mais bem equipados, armados e alimentados. O soldado sandinista servia longe do lar, em áreas em que a população podia ser hostil e, às vezes, falava uma língua literalmente diferente. Além disso, passava longos períodos sem licença para sair e/ou visitar a família, e sem comunicação com ela. Nos cinco anos seguintes à introdução do serviço militar obrigatório, havia 170 mil jovens nicaraguenses servindo no exército sandinista, a vasta maioria obrigada a prestar o serviço militar, enquanto cerca de trinta mil combatiam pelos contras.

Embora a administração Reagan descrevesse seus ataques à Nicarágua como "combates de baixa intensidade", na realidade, em meados de 1984, estava em curso uma guerra em escala total. Corinto e outros portos nicaraguenses foram minados pela CIA. As explosões das minas danificaram navios da União

Soviética, do Japão e da Holanda, além dos da Nicarágua. As incursões dos contras não eram mais ataques rápidos e letais, por bandos que se infiltravam através da fronteira. Em 1984, uma força com oito mil soldados contras invadiram a região norte da Nicarágua. Protegidos por helicópteros americanos com metralhadoras, conseguiram manter o ataque durante vários meses e causar danos extensos, embora nunca tivessem conseguido tomar uma aldeia sequer, por menor que fosse. A estratégia de Reagan foi a mesma que a de John F. Kennedy na invasão da Baía dos Porcos em Cuba, em 1961. Assim que os contras estabilizavam seu controle sobre alguma cidade ou aldeia, instalavam um novo governo e imediatamente "requisitavam" ajuda militar dos Estados Unidos. O governo americano certamente acreditava, em meados dos anos 1980, que os contras nunca poderiam derrotar militarmente a revolução nicaraguense, assim como uma invasão direta com soldados e armamentos americanos acabaria sendo necessária. Nem mesmo considerando a hipótese de um governo alternativo "legítimo", o preço que os Estados Unidos pagariam por essa invasão seria alto demais. O custo militar seria alto devido ao nível de mobilização, tanto do exército nicaraguense como da população civil. E o custo político também seria alto, tanto na América Latina como nos Estados Unidos.

No início de 1985, pesquisas de opinião pública nos Estados Unidos mostravam uma esmagadora reprovação à política de Reagan para a Nicarágua, registrada em todas as regiões do país, camadas sociais e faixas etárias. Dezenas de milhares de americanos foram visitar a Nicarágua e, ao voltar, a maioria havia se tornado partidária da revolução, e adversária dos contras. O Congresso dos Estados Unidos foi pressionado a limitar a ajuda direta que o país dava aos contras. Isso não afetou o fluxo de dinheiro e equipamento para os contras, que continuou ocorrendo por outros canais. No conhecido "Escândalo Irã-Contras", Oliver North comandou a venda de aviões excedentes e de outros equipamentos militares para o Irã para criar um fundo "privado" multimilionário de ajuda aos contras.

A guerra econômica contra a Nicarágua intensificou-se em 1985, com a campanha publicitária feroz dos Estados Unidos a favor dos contras. Washington impôs um embargo comercial total, bloqueando todas as exportações e importações envolvendo a Nicarágua e proibindo os aviões e navios nicaraguenses de entrar em território americano. Mas, do ponto de vista militar, a situação começava a virar para os contras, que sofriam perdas pesadas e sucessivas nas áreas de fronteira, ao lado de uma derrota política em sua tentativa fracassada de tomar a cidade costeira de Bluefields, no lado do Atlântico, em maio de 1985. Um programa de anistia, introduzido pelo governo revolucionário em 1984, permitiu o retorno legal à Nicarágua de todos os contras e outros exilados, exceção feita a antigos membros da Guarda Nacional. A progressiva força de combate do exército sandinista e o programa de anistia ajudaram a persuadir milhares de campesinos a desertar das forças contrarrevolucionárias, no início de 1985.

No entanto, a guerra se arrastava. Em junho de 1986, o Congresso americano aprovou em votação uma ajuda de cem milhões de dólares aos contras, numa virtual declaração de guerra à Nicarágua. Os contras festejaram explodindo um caminhão lotado de campesinos nicaraguenses, numa estrada das montanhas, matando 32 civis, dos quais dois terços eram mulheres e crianças. Na primavera de 1986 assistiu-se também às maiores e mais militantes demonstrações pró-revolucionárias, na Nicarágua, nos últimos anos. Foram realizadas gigantescas passeatas nas cidades de todo o país, em abril; apenas em León, saíram às ruas trinta mil pessoas. A Federação dos Sindicatos Sandinistas organizou 150 reuniões especiais e cinquenta assembleias gerais de trabalhadores, que puseram duzentas mil pessoas marchando em 1º de maio de 1986. As mulheres, especialmente as mais jovens, reavivaram suas exigências de prestar serviço militar como os homens, formando unidades especiais da reserva. Os índios miskitos, que tinham fugido para Honduras, começaram a voltar aos milhares.

Tornava-se cada vez mais claro que, sem uma invasão dos Estados Unidos, a guerra dos contras não conseguiria atingir seu intento de derrubar a revolução nicaraguense. O governo Reagan então decidiu que o custo político de uma invasão direta do país pelo exército americano seria alto demais e, em vez disso, concordou em promover negociações de paz. Em agosto de 1987, a Nicarágua e outros países da América Central assinaram um acordo de paz apresentado pelo presidente da Costa Rica e, no início de 1987, a FSLN e os contras concordaram com o cessar-fogo e elaboraram um plano para a desmobilização.

O fim da guerra representou uma vitória política para a revolução da Nicarágua. Desde o início, o objetivo do governo americano tinha sido derrubar o governo revolucionário mas não conseguiu o intento. Contudo, pudera infligir uma brutal punição ao pequeno país. Mais de trinta mil nicaraguenses foram mortos durante a guerra com os contras, 350 mil famílias de lavradores foram desalojadas, e um total de nove bilhões de dólares em danos econômicos foram computados diretamente, ou o equivalente a quarenta vezes o valor anual das exportações da Nicarágua em meados de 1980. A FSLN tinha conseguido liderar duas revoluções bem-sucedidas, a primeira para derrubar Somoza, e a segunda e mais difícil para defender a vitória de um maciço ataque das forças contrarrevolucionárias.

A costa do Atlântico: contradições da outra Nicarágua

A área que na Nicarágua se designa como a costa do Atlântico inclui toda a metade oriental do país, mas tem menos de 10% de sua população. Abriga aproximadamente oitenta mil índios miskitos, dez mil membros de outros grupos indígenas menores, trinta mil crioulos (negros que falam inglês) e 120 mil mestiços que falam o espanhol. Essa região tem uma história e uma cultura diferentes das que se encontram na região mais populosa do Pacífico; têm línguas, religiões, culinária e exportações diferentes, e experiência diferente com o colonialismo, a ditadura de Somoza e a revolução sandinista.

Até mesmo hoje, em pleno século XXI, não há uma estrada completamente transitável entre as costas do Pacífico e do Atlântico e, na estação das chuvas, podem ser necessárias semanas para um caminhão conseguir cruzar os trezentos quilômetros entre Manágua e Puerto Cabezas – Bilwi.

Sandino teve certa presença na costa atlântica nos anos 1920, conquistando recrutas nas madeireiras e, num incidente famoso e provavelmente mítico, em que recuperou caixotes de rifles no fundo do mar com a ajuda das prostitutas do cais. Mas a revolução sandinista de 1960-1970 foi um fenômeno das cidades da costa ocidental, com seu componente guerrilheiro baseado nas montanhas do centro-norte. Como não havia universidades na costa atlântica, alguns habitantes da orla foram recrutados para a FSLN enquanto estudavam em León e Manágua, mas foram enviados para a clandestinidade urbana na zona do Pacífico, ou para as unidades guerrilheiras, e não de volta para casa para que organizassem o apoio à revolução na costa atlântica. Na época de sua vitória em 1979, não havia um único miskito integrando a FSLN.

Até mesmo o último ano da insurreição, com suas ondas de greves, agitação política e violência por toda a região ocidental da Nicarágua, transcorreu em relativa calma na costa do Atlântico. Houve uma ampla celebração popular quando a revolução chegou, especialmente entre os jovens nas cidades maiores e menores, assim como entre os pescadores e trabalhadores. Mas foi algo que "chegou", vindo de fora. A FSLN tentou organizar entidades populares à semelhança das estabelecidas na região do Pacífico, mas aí elas não conseguiram se firmar. A FSLN tentou transformar um movimento juvenil miskito politicamente heterogêneo numa organização pró-revolucionária simplesmente impondo o rótulo "sandinista" no seu nome, o que em breve caiu em desuso.

A FSLN também injetou dinheiro e projetos na área, com uma campanha de alfabetização em quatro línguas, acompanhada por reforma agrária, pela construção de centros de saúde e de quase quinhentas novas escolas. Pela primeira vez após as minas de ouro de donos americanos terem sido nacionalizadas em 1980, cinco mil mineiros do ouro receberam pensões e tratamento para males dos pulmões. Iniciaram-se vários projetos dispendiosos de desenvolvimento, incluindo um porto em águas profundas próximo a Bluefields, uma nova frota pesqueira e uma fábrica de refrigeração no Norte, além da construção da primeira autoestrada e da primeira linha telefônica ligando as duas costas.

Mesmo sem uma base de apoio pró-revolucionária, a FSLN poderia ter usado o capital político de que dispunha desde julho de 1979 para recrutar e integrar os jovens índios e negros e desenvolver uma nova liderança revolucionária entre os próprios povos da costa. Isso teria surtido um impacto saudável nas atitudes dos líderes centrais da FSLN, nascidos na costa do Pacífico, que tendiam a ser paternalistas, quadro que se agravava com a ignorância e vinha revestido de racismo, em certos casos. Em vez disso, os sandinistas dependiam dos quadros enviados do Pacífico e dos líderes miskitos existentes, alguns se revelando somozistas e outros, simplesmente oportunistas.

A oportunidade para a construção de uma base política na costa acabou se revelando vaga. Em fevereiro de 1981, as divergências relativas ao conteúdo do manual de alfabetização dos miskitos, agravadas por suspeitas e talvez provocações propositais, chegaram ao ponto de explodir em tiroteios em Prinzapolka, que deixaram um saldo de quatro soldados sandinistas e quatro miskitos antissandinistas mortos. A situação militar entrou numa acentuada espiral descendente, e milhares de miskitos se tornaram "revoltosos", tomando armas contra o governo sandinista. No início de fevereiro de 1982, o governo sandinista evacuou de repente e à força cerca de dez mil índios miskitos do rio Coco. Embora o campo de reassentamento fosse inegavelmente mais seguro e contasse com muitos serviços sociais à disposição dos índios, já que em suas aldeias ao longo do rio eram inexistentes, a maioria dos evacuados irritou-se profundamente com o deslocamento e não via a hora de voltar para casa.

William Ramírez, que chegou a compreender as complexidades da costa atlântica melhor que a maioria dos outros líderes da FSLN nascidos na região do Pacífico, afirmou que os sandinistas que tinham chegado na costa atlântica depois da vitória de 1979 "não conseguiram se comunicar com a população. Não conhecíamos a língua e também não conhecíamos seus costumes, suas características, seu modo de vida e problemas religiosos e étnicos. Éramos totalmente novos ali... E, ainda por cima, a atividade contrarrevolucionária desenvolvida nos impeliu para uma situação de fato em que nos vimos obrigados a reagir militarmente, sem uma familiaridade sólida com a realidade daquela zona". De acordo com Ramírez, os sandinistas chegaram com uma "afeição paternalista pelos negros pobrezinhos, pelos pobres índios miskitos". Os problemas políticos não poderiam ser solucionados atirando-se dinheiro para eles. Na realidade, um número cada vez maior de *costeños* acreditava que os sandinistas estavam seguindo os passos dos ingleses, americanos e Somoza, roubando as fabulosas riquezas da costa atlântica, mesmo que o governo revolucionário estivesse investindo incontáveis milhões de dólares em programas sociais e econômicos para impulsionar a região. Essas disparatadas visões da realidade ocorriam no contexto de uma guerra contrarrevolucionária cada vez mais abrangente, com esforços de propaganda e recrutamento tanto despendidos por Washington como pelos grupos contrapolíticos da Nicarágua, voltados para os índios miskitos. Os jornais americanos deram generoso espaço para uma foto supostamente mostrando índios massacrados pela FSLN. Na realidade, a imagem era dos índios mortos pela Guarda Nacional, na época em que Somoza estivera no poder.

Em 1982, o governo revolucionário baixou uma nova Declaração de Princípios, expandindo a cláusula do "Programa Histórico" da FSLN que reconhecia os direitos básicos dos povos da costa atlântica. Alguns "revoltosos" se aproveitaram da anistia oferecida em dezembro de 1983 para se tornar "não revoltosos" e voltar para casa. No início de 1985, todos os miskitos, sumos, ramas e crioulos, detidos até então por alguma atividade ilegal, foram soltos mesmo que tivessem integrado os exércitos dos contras. Segundo Tomás Borge, isso foi feito por causa "das condições especiais em que a atividade desses nicaraguenses ocorreu". Pelo menos, esse foi um tácito reconhecimento de que a guerra na costa atlântica tivera aspectos de uma guerra civil, já na maior parte do país os contras eram considerados invasores e geralmente descritos como mercenários.

No início de 1985, uma comissão nacional, que incluía líderes crioulos e miskitos, redigiu a proposta de uma nova Lei da Autonomia que reconhecia não só os direitos culturais dos povos da costa, mas também seu direito à propriedade individual ou coletiva de terras, ao uso tradicional de terras, florestas e águas, e a governos autônomos regionais com amplos poderes nas regiões norte e sul. A nova lei também garantia que uma parcela dos lucros da região deveria ser reinvestida nos próprios locais. A proposta foi publicada em grandes quantidades, nas quatro línguas faladas na costa. Centenas de reuniões foram organizadas para discutir e debater a lei. Grupos armados de miskitos começaram a entrar em acordos formais ou factuais de cessar-fogo com o exército sandinista. Os "não revoltosos" tiveram permissão para voltar a suas comunidades e participar da sociedade, sem a necessidade de entregar as armas, e milhares deles começaram a participar das discussões autônomas. No início de 1986, milhares de índios tinham voltado do rio Coco, berço espiritual do povo miskito, provenientes tanto dos campos de refugiados em Honduras como das aldeias de reassentamento na Nicarágua. A influente Igreja moraviana nicaraguense pronunciou-se favorável à autonomia e contra a guerra dos contras.

A costa atlântica, especialmente no norte, saiu da guerra dos contras ainda mais economicamente devastada do que o restante do país. Quatrocentas pontes foram destruídas e todas as balsas afundadas. A desnutrição e até mesmo a fome teriam se espalhado pela região norte, sem as doações de Cuba; a cada três meses, chegava um navio cubano em Puerto Cabezas carregado com alimentos e roupas, ferramentas e remédios, suficientes para atender a todas as necessidades de cinquenta mil pessoas. Mas a situação política tinha melhorado. Devido ao processo de autonomia, pela primeira vez havia números expressivos de *costeños* que identificavam a revolução sandinista com sua própria luta histórica contra a opressão nacional, o isolamento e a discriminação racial. Se a FSLN não tivesse corrigido seus sérios erros iniciais na costa atlântica, teria sido muito mais difícil, se não impossível, derrotar os contras. O processo de autonomia pode, sem exagero, ser considerado uma revolução dentro da revolução, uma pré-condição para o sucesso da revolução nicaraguense a longo prazo. No final dos anos 1980, contudo, a revolução em si tinha se encaminhado não para novas conquistas, mas para a derrota.

Epílogo
O começo do fim da revolução na Nicarágua

Com a desaceleração dos conflitos militares em 1987, muitos trabalhadores e campesinos que interromperam suas atividades durante a guerra, esperavam voltar ao centro das atenções durante o processo revolucionário. Em meados de 1987, o líder Bayardo Arce afirmou: "A FSLN defende os proprietários das maiores riquezas do país e representa-as em termos da nação. Mas em termos da luta de classes e da luta popular, não podemos representá-las porque tomamos a decisão de nos basear na aliança entre trabalhadores e campesinos". Havia, entretanto, uma contradição impossível por trás da promessa de Arce, e a FSLN não poderia defender nem os interesses do capital privado nem continuar construindo a aliança entre trabalhadores e campesinos, baseada na reforma agrária, na proteção dos padrões de vida e dos direitos dos mais pobres e na mobilização das classes laboriosas. Por volta do final de 1987, o Diretório Nacional da FSLN havia decidido unanimemente afastar-se da orientação anticapitalista e pró-socialista dos primeiros anos da revolução e, em lugar dela, confiar nos mecanismos do mercado e em incentivos ao lucro para tentar reativar a economia.

Em 1987, a distribuição de terras declinou acentuadamente e, em 1988, tornou-se inexistente na prática. Quando Daniel Ortega anunciou, em janeiro de 1989, que "já havia sido distribuída terra suficiente", ainda havia dezenas de milhares de famílias rurais aguardando por seus lotes. Terrenos abandonados durante a guerra eram comprados por especuladores ou plantadores mais ricos. Diante do fim do crédito barato e do apoio estatal à produção agrícola, os lavradores pobres logo se encontraram afundados em dívidas monumentais, e forçados a trabalhar como boias-frias nas colheitas, a fim de sobreviver. A União Nacional dos Fazendeiros e Rancheiros estava cada vez mais dominada pelos fazendeiros abastados que produziam safras lucrativas e eram donos de grandes extensões de terra, deixando portanto de ser uma voz eficiente em defesa dos sem-terra e dos lavradores pobres.

A desmobilização tanto dos exércitos dos contras como das forças governamentais ocorreu lentamente, até 1990. Os contras que voltaram à vida civil se queixavam de não receber terra e os empregos prometidos pelos acordos de paz. Mas acabaram se saindo muito melhor do que os 45 mil soldados sandinistas desmobilizados, que ficaram com praticamente nada. Os fundos internacionais para a desmobilização foram na sua maioria destinados aos oficiais com patentes superiores às de capitão, de ambos os lados. Os que haviam recebido baixa do Exército sandinista raramente obtinham cuidados gratuitos à saúde, e transporte e educação subsidiados pelo Estado, serviços aos quais tinham direito, e menos ainda a prometida gleba de terra. O que era mais grave, nunca lhes disseram que desempenhariam algum papel na construção do futuro de seu país. Em uma reunião entre os soldados sandinistas portadores de deficiências e líderes da FSLN, na primavera de 1989, os veteranos queixaram-se de que seu cartão de desmobilização não era sequer reconhecido pelas novas empresas de ônibus recém-privatizadas, que os deixavam sentados na beira da estrada quando não podiam pagar a passagem.

A FSLN respondeu à crise econômica do período pós-guerra com uma série de medidas de austeridade similares às implementadas pelos regimes neoliberais de toda a América Latina. Nos primeiros seis meses de 1988, o governo cortou todos os subsídios às necessidades básicas, deixou de remunerar os lavradores pelos gêneros alimentícios básicos que produziam, desvalorizou drasticamente o córdoba, aboliu o salário mínimo nacional, suspendeu o controle dos preços, reduziu o controle monetário, extinguiu as restrições à importação de artigos de luxo e praticamente abriu mão de seu controle sobre importações e exportações. Os preços dos alimentos e do transporte público foram às alturas e a desnutrição, que fora largamente eliminada, começou a reaparecer. O sistema de saúde foi parcialmente reprivatizado, levando ao aumento nos índices de mortalidade infantil e materna. A hiperinflação, que chegou a 33.000% em 1988, teve um impacto devastador sobre o bem-estar e o moral dos trabalhadores. Os salários reais em 1988 tinham apenas 30% do poder aquisitivo registrado em 1980 e, no ano seguinte, caíram para 10%. O desemprego subiu para 33%, e o salário médio do trabalhador (dos que tinham arranjado um emprego) comprava 7% das necessidades mínimas de uma família.

Quando os operários da construção civil entraram em greve na primavera de 1988, alguns sindicalistas foram despedidos e o presidente Ortega chamou os grevistas de "trabalhadores desorientados e confusos que estão sendo dirigidos por pessoas que são elementos conscientes da política americana e dos contrarrevolucionários". Jaime Wheelock afirmou aos trabalhadores na Usina de Açúcar em San Antonio que, "se alguém levantar uma bandeira de greve por aqui nós vamos cortar suas mãos fora, porque isso seria um crime contra o povo". A FSLN usou de sua autoridade perante o operariado para convencer os trabalhadores a trabalhar mais por menos dinheiro, em uma economia que ainda era dominada pelo capital privado. Isso deu aos políticos burgueses uma chance de posar de defensores dos direitos trabalhistas contra a repressão sandinista, reivindicação que provocava riso nos primeiros tempos da revolução, mas, agora, já tinha quem lhe desse ouvidos.

As exportações mais importantes da Nicarágua, especialmente o algodão, ainda estavam em grande medida nas mãos dos maiores plantadores capitalistas, e a política da FSLN após 1987 consistia em seduzir os plantadores com políticas atraentes de crédito e leis relativas ao trabalho. Em abril de 1989, a FSLN concedeu aos grandes agricultores de algodão um subsídio no valor de quase 1,5 milhão de córdobas por hectare plantado, ao mesmo tempo que se recusava a atender às exigências dos catadores de algodão que pleiteavam uma remuneração capaz de cobrir suas necessidades básicas de subsistência, em uma lista com oito itens de alimentação. Em 1989, os subsídios para os plantadores particulares chegaram a 65% do orçamento geral do governo. Enquanto a FSLN sempre (desde 1979) promovera uma "economia mista", a "mistura" de 1989 e a direção de seu movimento eram muito diferentes do que haviam sido em 1980. O pacto social para promover os interesses comerciais, camuflado na designação *concertación* ("acordo"), transferiu o peso da crise para os que estavam na base da pirâmide social, ampliou as diferenças salariais e a estratificação dos campesinos, e provocou um êxodo maciço rumo à capital. Em 1989, um terço da população do país vivia em Manágua, onde a maioria dos cidadãos não recebia os serviços sociais mínimos nem tinha nenhuma esperança de um emprego produtivo.

Como o "acordo" recebia o apoio unânime do Diretório Nacional, que era a liderança histórica da revolução nicaraguense de 1979, foi também amplamente aceito pelos trabalhadores e campesinos, mas causou considerável desmoralização e intenso cinismo com respeito à política, assim como verdadeira dificuldade econômica. A Federação dos Trabalhadores Sandinistas e a Associação dos Trabalhadores Rurais tinham de defender uma estratégia que contrariava os interesses de seus próprios membros e reduziam a força e a legitimidade dessas entidades de classe. Os Comitês de Defesa Sandinistas praticamente deixaram de funcionar.

As conquistas sociais das mulheres, obtidas nos últimos anos, eram corroídas por cortes e demissões em massa, e suas conquistas políticas, ao lado da recém-encontrada confiança, foram enfraquecidas pela falta de apoio do Diretório Nacional aos direitos femininos. Houve um esforço de levar Dora María Téllez, uma notável militar do exército sandinista e líder política, a compor o Diretório Nacional, mas a candidatura foi recusada pelos líderes em exercício. Em 1988, o grupo jovem sandinista "JS19", que representava a nova geração, elegeu uma direção executiva sem uma única mulher. Apesar da forte oposição das guerrilheiras, o "JS19" restabeleceu os concursos de beleza como uma de suas atividades centrais. Os prêmios eram dados às beldades de pele clara e pernas longas, que nem de longe davam a impressão de algum dia terem pego em uma enxada, quanto mais em um rifle. No início de 1989, a AMNLAE declarou que proporia uma nova legislação para legalizar o aborto e aumentar a pena contra estupradores e autores de violência doméstica. Mas as entidades femininas recuaram, quando o Diretório Nacional se opôs a uma legislação que descreviam como "criadora de divisões", ao mesmo tempo que davam crescente atenção à campanha da FSLN nas eleições seguintes.

Diante da dinâmica militar de imposições verticais praticada pela FSLN e da falta de processos democráticos na própria organização, a acentuada virada direitista da política do governo, exemplificada pelo "acordo", nunca foi discutida ou votada em nenhum nível fora das reuniões secretas dos nove membros do Diretório Nacional. Não foi feito nenhum questionamento nas páginas do *Barricada*, nas reuniões (cada vez mais raras) das entidades de massa, ou nas próprias reuniões de partido da FSLN. Quando uma meia dúzia de escritores e artistas de destaque, todos membros leais da FSLN, mostraram-se preocupados com o aumento da vigilância sobre a produção artística, foram repreendidos severamente. A FSLN não realizou seu Primeiro Congresso do Partido senão em meados de 1991, doze anos depois de ter subido ao poder e mais de um ano após tê-lo perdido.

A guinada direitista do final dos anos 1980 torna-se muito mais clara aos olhos de hoje do que na época em que estava sendo posta em prática. Os líderes da FSLN continuavam a proferir discursos inflamados anti-imperialistas em defesa dos trabalhadores. Os Estados Unidos continuavam atacando os sandinistas, acusando-os de "comunistas" e militaristas. Apesar de estar às voltas com a implementação de políticas pró-capitalistas, a FSLN manteve a mesma imagem e o discurso radical de sempre.

Por que as mesmas pessoas que lideraram uma genuína revolução social em 1979 e defenderam o poder dos trabalhadores e campesinos decidiriam, no final dos anos 1980, que o único modelo possível de desenvolvimento era o capitalista? Alguns nicaraguenses e pensadores explicam a atitude como um caso de corrupção pessoal. É verdade que o padrão de vida de muitos líderes da FSLN era muito mais alto, no final dos anos 1980, do que havia sido possível no início da década, diferindo acentuadamente da vida dos nicaraguenses comuns. Mas esse foi um fator secundário em comparação com outras pressões e fatores mais complexos. Para alguns líderes da FSLN, o colapso da União Soviética (e, antes ainda, a decisão abertamente divulgada dos políticos soviéticos de não oferecer à Nicarágua a mesma espécie de ajuda que tinham estendido a Cuba) foi um sinal de que a revolução socialista não era mais possível. O terrível custo da guerra dos contras foi sem dúvida um fator que persuadiu os membros do Diretório Nacional a evitar medidas que antagonizassem o governo americano. Alguns pontos da política veiculada com o rótulo de "acordo", depois de 1987, estavam presentes desde o início da revolução no programa social-democrático da Tendência Insurrecional, os terceiristas, e em seu compromisso com uma "economia mista". Apesar de as classes populares da Nicarágua terem exibido seu poder e determinação tanto na insurreição quanto no combate aos contras, a liderança nacional da FSLN tinha cada vez menos confiança na capacidade de trabalhadores e campesinos para transformar a sociedade. Cada vez mais, o Diretório Nacional considerava-os objetos e não sujeitos da história, sendo um grupo atrasado demais para aceitar as ideias "iluminadas" da vanguarda.

    Iniciando-se nos primeiros meses de 1989, o foco central de toda a atividade política da FSLN tornou-se a construção de uma plataforma para as eleições nacionais em fevereiro de 1990. A chapa sandinista dos candidatos era encabeçada por Daniel Ortega para presidente e Sergio Ramírez para vice. Contratou-se uma dispendiosa empresa de relações públicas para promover a campanha, que entrou no ar com o slogan "Tudo será melhor!", ao som de um *jingle* cuja letra obscena apresentava Ortega como um galo[1]. Em lugar dos cartazes vermelhos e pretos revolucionários e anti-imperialistas dos primeiros anos, Manágua ficou coberta com imensos cartazes amarelos, com uma única palavra: "Daniel". O "Programa Histórico" de Carlos Fonseca foi oficialmente repudiado e substituído por uma plataforma eleitoral "centrista". A FSLN organizou comícios que ofereciam shows musicais e danças em lugar de discursos políticos, e a campanha de Ortega gastou sete milhões de dólares em distribuição de camisetas, isqueiros, bonés de beisebol e demais artigos. Supondo que os trabalhadores e campesinos da Nicarágua jamais votariam contra a FSLN, Ortega e os outros candidatos da FSLN visaram aos eleitores da classe média com tranquilizadoras mensagens de campanha. Mais de 2.500 observadores internacionais receberam credenciais para acompanhar a eleição.

Com o encorajamento e o apoio financeiro de Washington, os catorze partidos da oposição uniram-se em torno da candidatura presidencial de Violeta Chamorro, viúva do líder oposicionista e editor do *La Prensa*, assassinado em 1978. A coalizão União Nacional Opositora (UNO) em torno de Chamorro enfatizava temas econômicos e prometia dar fim à convocação para o serviço militar obrigatório, adotando *slogans* como "Só a UNO pode acabar com a crise econômica" e "Não haverá paz com o governo sandinista". A campanha de Chamorro foi mais discreta do que a de Ortega e, por vezes, parecia quase *pro forma*. A campanha da FSLN estava confiante em sua vitória, enquanto as pesquisas de intenção de voto e a mídia internacional diziam que Ortega venceria sem esforço.

Chamorro obteve 55% dos votos contra 41% de Ortega, e sua vitória foi consagrada inclusive em alguns bairros da classe operária em Manágua. Chamorro venceu folgadamente na classe média e na burguesia, assim como entre as mulheres que não trabalhavam fora e os habitantes da zona rural. Nas áreas rurais, a FSLN chegou a apenas 35% dos votos, embora tivesse

---

[1] Cock, em inglês, significa galo e também o órgão masculino.

recebido significativa maioria dos votos dos campesinos "coletivizados", isto é, dos filiados a cooperativas e dos beneficiados pela reforma agrária. A UNO também confirmou 51 cadeiras no Congresso Nacional (contra 39 da FSLN), além de 102 em 131 assembleias legislativas municipais.

Na década após sua derrota em 1990, a FSLN sofreu uma série de divisões e escândalos. Muitos intelectuais da classe média e um número muito maior de trabalhadores abandonaram completamente a política. A FSLN consolidou-se como um agrupamento eleitoral de centro-esquerda, com "oscilações" ocasionais para a direita, e como o maior partido organizado do Congresso Nacional, depois que a coalizão da UNO se fragmentou em seguida à eleição de Chamorro. A FSLN tornou-se um culto em torno de Daniel Ortega que concorreu novamente para presidente, sem obter sucesso, nas eleições de 1996 e 2002. Uma onda de privatizações e demissões maciças, nos primeiros anos da década de 1990, desmantelou o que havia restado dos ganhos econômicos da revolução. Entre os que se haviam beneficiado pessoalmente com a privatização de propriedades do Estado estavam alguns antigos líderes do governo da FSLN.

A surpreendente derrota eleitoral de 1990 é, em geral, considerada o golpe de misericórdia da revolução nicaraguense. Mas, olhando para trás, fica claro que a revolução malograra antes mesmo das eleições, e os votos simplesmente registraram o fato de que a relação entre as massas da Nicarágua e a FSLN, que havia sido o coração da revolução, fora rompida. A situação inerentemente instável do início da década de 1980, em que industriais particulares e donos de terra continuavam dominando a economia sem, porém, controlar o governo, havia sido resolvida. Em 1988 e 1989, o governo da FSLN implementava políticas que interessavam aos nicaraguenses mais ricos, não aos campesinos e trabalhadores que fizeram a revolução de 1979 e defenderam suas conquistas dos ataques dos contras.

Daniel Ortega dizia a verdade em 1989 e 1990, quando cortejou os eleitores da classe média e indicou com isso que havia deixado seu passado revolucionário para trás. Mas isso não significava que a FSLN era o partido que a burguesia nicaraguense preferia ver no goveno, e menos ainda que fosse a primeira escolha do governo americano. Washington entrou com nove milhões de dólares para a campanha de Chamorro, da maneira mais aberta possível, e provavelmente outro tanto clandestinamente; os Estados Unidos também apoiaram os candidatos presidenciais liberais que derrotaram Ortega em 1996 e 2002.

A lição que se tira da revolução nicaraguense é que uma revolução social genuína é impossível em uma área em que os Estados Unidos costumam considerar seu "quintal". Os líderes da FSLN alegam, atualmente, que sua derrota era inevitável, dada a hostilidade de Washington e o esgotamento e o atraso cultural da massa nicaraguense. A conclusão pessimista tem óbvias implicações para a perspectiva revolucionária de outros países do Terceiro Mundo, que padecem de crises sociais e econômicas, além da dominação estrangeira. Mas a história da revolução da Nicarágua aponta para outra lição. Na Nicarágua, em 1979, ocorreu efetivamente uma revolução popular genuína que retirou o poder das mãos da burguesia e inspirou a mobilização popular ao longo de um período de vários anos, em um movimento que trabalhou coletivamente pela transformação da sociedade em prol dos interesses da maioria. O que parece ser historicamente inevitável não é que uma revolução popular como essa seja derrotada, mas que os desafios mais difíceis viriam após a vitória da insurreição e incluiriam a tentativa de uma contrarrevolução pelas velhas classes dominantes, com a ajuda do imperialismo. A contradição do período pós-1979, em que as classes economicamente dominantes não detinham poder político, não poderia se sustentar para sempre. Ou a economia se encaminharia para um socialismo, como tanto os amigos quanto os inimigos esperavam que acontecesse depois de 1979, ou a classe capitalista recuperaria seu poder político, como começou a ocorrer por meio das políticas implementadas pela liderança da FSLN, a partir de 1987. Os trabalhadores e campesinos nicaraguenses derrotaram a ditadura de Somoza e a guerra dos contras, financiada pelos Estados Unidos. Lutaram durante uma década contra as tentativas da burguesia nicaraguense de manter um sistema econômico baseado na exploração e em privilégios. Não se poderia esperar que lutassem também contra o Diretório Nacional, a histórica liderança de sua revolução. Os nicaraguenses não votavam contra ou a favor da revolução, em fevereiro de 1990, embora isso tivesse sido interpretado dessa forma. Eles decidiam qual candidato seria melhor como chefe de um governo que não era mais revolucionário. Se Daniel Ortega tivesse vencido, a economia e a sociedade da Nicarágua não se teriam desenvolvido na década de 1990 em um sentido fundamentalmente diferente do seguido sob a liderança de Chamorro.

Referências bibliográficas e Leitura complementar

Além dos livros e artigos citados a seguir, o material deste livro foi extraído das seguintes fontes:

Arquivos: Centro de História Militar, Exército da Nicarágua, Manágua; Instituto de Estudos do Sandinismo, Manágua; Instituto de História da Nicarágua, Manágua.

Jornais e revistas: *Barricada*, Manágua; *Bohemia*, Havana; *Intercontinental Press*, Nova York; *Nicaráuac*, Manágua; *Novedades*, Manágua; *El Nuevo Diario*, Manágua; *Patria Libre*, Manágua; *La Prensa*, Manágua; *Segovia*, Manágua; *Segovia*, Matagalpa; *Verde Olivo*, Havana; *Tricontinental*, Havana.

Além de entrevistas e notas compiladas pela autora na Nicarágua e em Cuba, entre 1979 e 2004.

ALEGRÍA, Claribel; FLAKOLL, D. J. *Nicaragua*: la revolución sandinista. México: Ediciones Era, 1982.

ARIAS, Pilar. *Nicaragua revolución. Relatos de combatientes del frente sandinista*. México: Siglo XXI, 1980.

BLACK, George. *Triumph of the people*: the sandinista revolution in Nicaragua. Londres: Zed Press, 1981.

BLANDÓN, Jesús Miguel. *Entre Sandino y Fonseca Amador*. Manágua: DEPEP, 1981.

BORGE, Tomás. *La paciente impaciencia*. Manágua: Editorial Vanguardia, 1989.

CABEZAS, Omar. *La montaña es algo más que una inmensa estepa verde*. México: Siglo XXI, 1982.

CARMONA, Fernando (Org.). *Nicaragua*: la estrategia de la victoria. México: Editorial Nuestro Tiempo, 1980.

CASTRO, Fidel. *Segunda Declaración de la Habana*. Nova York: Pathfinder Press, 1984.

ENRÍQUEZ, Laura J. *Harvesting change*: labor and agrarian reform in Nicaragua, 1979-1990. Chapel Hill Uniesity of North Carolina Press, 1991.

FONSECA AMADOR, Carlos. *Bajo la bandera del sandinismo*. Manágua: Editorial Nueva Nicaragua, 1982. (Obras, v.1.).

_____. *Viva Sandino*. Manágua: Editorial Nueva Nicaragua, 1982. (Obras, v.2.).

_____. *El Programa Histórico del FSLN*. Manágua: DEPEP, 1984.

FRENTE SANDINISTA DE LIBERACIÓN NACIONAL (FSLN). *Diciembre victorioso*. México: Editorial Diógenes, 1979.

GARCÍA MARQUEZ, Gabriel et al. *Los sandinistas*. 3.ed. Bogotá: La Oveja Negra, 1980.

GILBERT, Dennis; BKOCK, David (Orgs.). *Sandinistas*: key documents/ documentos claves. Itaca: Cornell University, 1990.

GOULD, Jeffrey L. For an organized Nicaragua: Somoza and the labour movement, 1944-1948. *Journal of Latin American Studies*, 19 nov. 1987. p.353-87.

_____. *To die in this way*. Nicaraguan indians and the myth of mestizaje, 1880-1965. Durham: Duke University Press, 1998.

_____. *To lead as equals*: rural protest and political consciousness in Chinandega, Nicaragua, 1912-1979. Chapel Hill: University of North Carolina Press, 1990.

GUADAMUZ, Carlos José. *Y... las casas quedaraon llenas de humo*. Manágua: Editorial Nueva Nicaragua, 1982.

GUEVARA, Ernesto. *Pasajes de la guerra revolucionaria*. Havana: Casa de las Americas, 1997.

HODGES, Donald C. *Intellectual foundations of the nicaraguan revolution*. Austin: University of Texas Press, 1986.

HORTON, Lynn. *Peasants in arms*: war and peace in the mountains of Nicaragua, 1979-1994. Athens: Ohio University Center for International Studies, 1998.

INSTITUTO DE ESTUDIO DEL SANDINISMO (IES). *Ahora sé que Sandino manda*. Manágua: Editorial Nueva Nicaragua, 1986.

LOZANO, Lucrecia. *De Sandino al triunfo de al revolución*. México: Siglo XXI, 1985.

MARCUS, Bruce (Org.). *Nicaragua*: the sandinista people's revolution (speeches by sandinista leaders). Nova York: Pathfiner Press, 1985.

MORALES, Arqueles. *Con el corazón el disparador (Las batallas del Frente Interno)*. Manágua: Editorial Vaguardia, 1986.

NUÑEZ TELLEZ, Carlos. *Un pueblo en armas*. Manágua: Colección Juan de Dios Muñoz, 1981.

ORTEGA SAAVEDRA, Humberto. *50 años de lucha sandinista*. Manágua: Colección Las Segovias, MINT, 1979.

PALMER, Steven. Carlos Fonseca and the construction of sandinismo in Nicaragua. *Latin American Research Review* 23, p.91-109, 1988.

RANDALL, Margaret. *Sandino's daughters*. Vancouver: New Star Books, 1981.

_____. *Sandino's daughters revisited: feminism in Nicaragua*. New Brunswick, NJ: Rutgers University Press, 1994.

RIVERA QUINTERO, Francisco. *La marca del Zorro*. Hazañas contadas por el comandante Francisco Rivera Quintero a Sergio Ramírez. Manágua: Editorial Nueva Nicaragua, 1989.

RUIZ, H. La montaña como un crisol donde se forjaban los mejores cuadros. *Nicaráuac*, 1, p.8-24, 1980.

SANDINO, Augusto César. *El pensamiento vivo*. Manágua: Editorial Nueva Nicaragua, 1981. 2v.

SCHROEDER, Michael J. Horse thieves to rebels to dogs: political gang violence and the state in the Western Segovias, Nicaragua, in the Time of Sandino, 1926-1934. *Journal of Latin American Studies*, 28 maio 1996. p.383-434.

TIJERINO, Doris (com Margaret Randall). *Inside the nicaraguan revolution*. Vancouver: New Star Books, 1983.

VANDEN, Harry E.; PREVOST, Gary. *Democracy and socialism in sandinista Nicaragua*. Boudler, CO: L. Rienner, 1993.

VILAS, Carlos M. *The sandinista revolution*: national liberation and social transformation in Central America. Nova York: Monthly Review Press, 1986.

WALKER, Thomas W. *Nicaragua in revolution*. Nova York: Praeger, 1982.

WALTER, Knut. *The regime of Anastasio Somoza García and State formation in Nicaragua, 1936-1956*. Chapel Hill: University of North Carolina Press, 1987.

WHEELOCK ROMAN, Jaime. *Las raíces indígenas de la lucha anticolonial en Nicaragua*. México: Siglo XXI, 1975.

WUNDERICH, Volker. *Sandino*: biografia política. Manágua: Instituto de Historia de Nicaragua, 1995.

ZIMMERMANN, Matilde. *Bajo las banderas de Che y Sandino*. Havana: Editorial Ciencias Sociales, 2004.

_____. *Carlos Fonseca y la revolución nicaraguense*. Manágua: URACCAN, 2003.

_____. *Sandinista*: Carlos Fonseca and the nicaraguan revolution. Durham: Duke University Press, 2000.

Coleção Revoluções do Século XX
Direção de Emília Viotti da Costa

A Revolução Alemã – Isabel Loureiro

A Revolução Boliviana – Everaldo de Oliveira Andrade

A Revolução Chinesa – Wladimir Pomar (org.)

A Revolução Cubana – Luís Fernando Ayerbe

A Revolução Guatemalteca – Greg Grandin

A Revolução Iraniana – Osvaldo Coggiola

As Revoluções Russas e o Socialismo Soviético – Daniel Aarão Reis Filho (Org.)

A Revolução Nicaraguense – Matilde Zimmermann

A Revolução Salvadorenha – Tommie Sue-Montgomery e Christine Wide

A Revolução Vietnamita – Paulo Fagundes Visentini

A Revolução Venezuelana – Gilberto Maringoni

SOBRE O LIVRO

Formato: 10,5 x 19 cm
Mancha: 18,8 x 42,5 paicas
Tipologia: Minion 10,5/12,9
Papel: Off-white 80 g/m² (miolo)
Cartão Supremo 250 g/m² (capa)

1ª *edição*: 2006
6ª *reimpressão*: 2020

EQUIPE DE REALIZAÇÃO

Edição de Texto
Regina Machado (Copidesque)
Gabriela Trevisan (Preparação de Original)
Angela M. de Marco Gavioli e
Marcelo Donizete de Brito Riqueti (Revisão)
Casa de Ideias (Atualização Ortográfica)

Editoração Eletrônica
Casa de Ideias (Diagramação)

Projeto Visual
Ettore Bottini

Ilustração de Capa
Cortesia de
www.dongurewitzphotography.com
"Sandinista Rally"